中学基礎

JN051739

でった！
中1理科

生命・地球（第2分野）

KUMON

本シリーズは，基礎からしっかりおさえ，十分な学習量によるくり返し学習で，確実に力をつけられるよう，各学年2分冊にしています。「**物質・エネルギー（1分野）**」と「**生命・地球（2分野）**」の2冊そろえての学習をおすすめします。

◆ 本書の使い方 ※ 1 2 …は，学習を進める順番です。

1 単元の最初でこれまでの復習。

「復習」と「復習ドリル」で，これまでに学習したことを復習します。

2 各章の要点を確認。

左ページの「学習の要点」を見ながら，右ページの「基本チェック」を解き，要点を覚えます。基本チェックは要点の確認をするところなので，配点はつけていません。

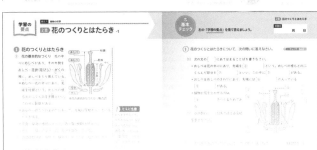

3 3ステップのドリルでしっかり学習。

「基本ドリル（100点満点）」・
「練習ドリル（50点もしくは100点満点）」・
「発展ドリル（50点もしくは100点満点）」の3つのステップで，くり返し問題を解きながら力をつけます。

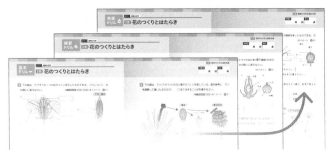

4 最後にもう一度確認。

「まとめのドリル（100点満点）」・
「定期テスト対策問題（100点満点）」で，最後の確認をします。

中1 理科 ｜ 目次

生命・地球　（2分野）

❶ 花のつくり

① **花のつくり** 花には, めしべ, おしべ, 花弁, がくがある。

② **めしべ** めしべの先は丸く, ねばねばしている。根もとのほうはふくらんでいる。

③ **おしべ** おしべの先には袋があり, 花粉が入っている。

④ **花粉** おしべの先から出る粉のようなもの。

⑤ **雌花と雄花** 花には, Ⅰつの花にめしべとおしべの両方があるものと, めしべだけがある雌花, おしべだけがある雄花があるものがある。雌花はやがて実になるが, 雄花は実にならない。

1つの花に, めしべとおしべがある花

アサガオ, アブラナ, オクラ, ユリなど。

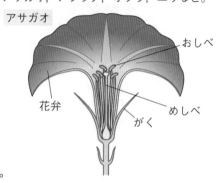

雌花と雄花の区別がある花

ヘチマ, ツルレイシ, カボチャなど。

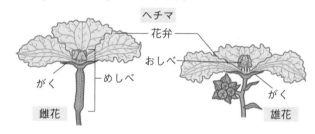

❷ 花粉のはたらき

① **受粉** めしべの先に花粉がつくこと。

② **受粉と実や種子** 受粉するとめしべの根もとがふくらんで実になり, 中にたくさんの種子ができて生命を伝えていく。受粉しないと実はできない。

1日目	2日目	3日目	1週間後
次の日に開きそうな雌花のつぼみに, 袋をかける。	花が開いても, 袋をかけたままにしておく。	花がしぼんだら袋をとる。	実にならない。

1 右の図は，ヘチマの雌花と雄花のつくりを表したものである。次の問いに答えなさい。

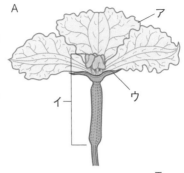
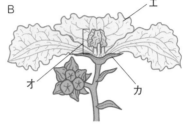

(1) A，Bのうち，雌花はどちらか。

〔　　　　　〕

(2) さわると先がねばねばしているのは，めしべとおしべのどちらか。〔　　　　　〕

(3) めしべ，おしべはどれか。図のア～カからそれぞれ選び，記号で答えなさい。

めしべ〔　　　〕　おしべ〔　　　〕

(4) 花がしぼんだ後，どの部分の根もとが実になるか。図のア～カから選び，記号で答えなさい。〔　　　　　〕

2 ツルレイシの雌花を，下のA，Bのようにした。次の問いに答えなさい。

A つぼみのうちに袋をかぶせ，花が開いても，袋をかけたままにしておいた。

B つぼみのうちに袋をかぶせ，花が開いたら袋をとり，雄花の花粉をめしべにつけてから，再び袋をかぶせた。

(1) めしべの先に花粉がつくことを何というか。〔　　　　　〕

(2) しぼんだ後，実ができたのは，A，Bのどちらか。

〔　　　　　〕

(3) この実験から，しぼんだ後に実ができるためには，どんなことが必要だとわかるか。〔　　　　　〕

❶ 身近な生物のすみか

① **生物の生活環境の特徴** 日当たりやしめりけなど，環境に

よって，生活している生物の種類や育ち方がちがう。
→動物は食べ物を求めて行動する。食べ物のちがいによって生活場所が異なる。

● **日当たりのよい場所**…タンポ
→ミツバチなどの動物も見かける。

ポ，カタバミ，オオバコなど。
→道ばたなどに多い。

● **日当たりが悪く，しめった場所**
→ヤスデなどの動物も見かける。

…ドクダミ，ゼニゴケなど。

● **落ち葉や石などの下**…ダンゴ

ムシ，ミミズ，ムカデなど。
→おもに土の中で生活する。

● オオバコ　● ドクダミ

② **観察のしかた** まず，その生物の生活している環境を調べ，

次にその生物のつくりやようすを観察する。必要に応じて，ルー
→全体の観察→細部を観察。

ペや顕微鏡で拡大し，スケッチする。

❷ 観察の基本操作

① ルーペの使い方

❶ ルーペを目に近づけて持つ。

❷ 観察するものを前後に動かして，ピントを合わせる。

↑観察するものを動かせないときは，ルーペを目に近づけたまま，顔を動かす。

② スケッチのしかた

4月16日晴れ気温15℃

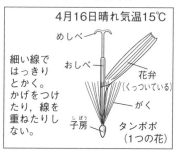

細い線ではっきりとかく。かげをつけたり，線を重ねたりしない。

めしべ
おしべ
花弁（くっついている）
がく
子房　タンポポ（1つの花）

↑目的とするものだけを対象にして，正確にかく。

③ 双眼実体顕微鏡の使い方

・左右の視野が重なって1つに見え
→1つの円に見えるようにする。

るように，鏡筒（接眼レンズ）の間

隔を調節する。両目で見て，**粗動**

ねじで，およそのピントを合わせる。

・右目で見て，**微動ねじ**でピントを

合わせる。左目で見て，**視度調節**

リングでピントを合わせる。

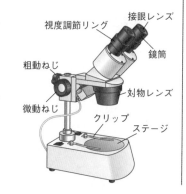

視度調節リング
接眼レンズ
鏡筒
粗動ねじ
対物レンズ
微動ねじ
クリップ
ステージ

拡大して観察する器具と適した倍率

● ルーペ…2～10倍の野外の観察に適している。

● 双眼実体顕微鏡…20～40倍の立体的な観察に適している。

● 顕微鏡…40～600倍の観察ができる。

観察レポートの書き方次の順序で書く。

①題（観察したこと）
②観察日，天気，気温
③目的，準備　④方法
⑤結果…スケッチや図表，グラフで表す。
⑥考察…結果からわかったこと，考えたことを簡潔に書く。
⑦感想を書く。

双眼実体顕微鏡の特徴

● 立体的に見える。

● プレパラートをつくる必要がない。

● 上下左右が実際と同じに見える。

● 光を通さない厚いものでも観察できる。

① 身近な生物のすみかについて，次の文の〔　　〕にあてはまることばを書きなさい。

チェック P.6 ❶

- 身近なところで生活している生物の種類や育ち方は，日当たりやしめりけなど，〔①　　　　　　　〕によってちがう。
- タンポポ，カタバミ，オオバコなどは，日当たりの〔②　　　　　　　〕場所で生活している。
- ドクダミ，ゼニゴケなどは，日当たりが〔③　　　　　　　〕，しめった場所で生活している。
- ダンゴムシ，ミミズ，ムカデなどは，落ち葉や石などの〔④　　　　　　　〕を好む。
- 身近な生物の観察を行うときは，まず，その生物の生活している〔⑤　　　　　　　〕を調べ，次にその生物の〔⑥　　　　　　　〕やようすを観察する。必要に応じて，ルーペや顕微鏡で拡大して観察し，〔⑦　　　　　　　〕する。
- ルーペ，双眼実体顕微鏡，顕微鏡は，観察するのに適した倍率に応じて使い分ける。
  - 2～10倍で観察する…〔⑧　　　　　　　〕を使用する。
  - 20～40倍で観察する…〔⑨　　　　　　　〕を使用する。
  - 40～600倍で観察する…〔⑩　　　　　　　〕を使用する。

② 観察の基本操作について，次の文の〔　　〕にあてはまることばを書きなさい。

チェック P.6 ❷

- ルーペの使い方
  - ルーペを〔①　　　　　　　〕に近づけて持つ。
  - ピントを合わせるときは，〔②　　　　　　　〕を前後に動かす。
- スケッチのしかた
  - 〔③　　　　　　　〕線で，はっきりとかく。
  - 〔④　　　　　　　〕をつけたり，線を重ねたり〔⑤　　　　　　　〕。

1章 身近な生物の観察 −2

❸ 生物の特徴と分類のしかた

① **生物の特徴と分類** 生物のさまざまな特徴に注目し，特徴の共通点や相違点を比べて，グループ分けをすることを**分類**という。

② **分類のしかた**

- ●注目する観点を決める。
  └→生息場所，大きさ，体の特徴など。
- ●特徴の相違点に注目して，分けるグループを決める。
- ●共通点をもつ生物を同じグループにまとめる。

③ **分類の実際**

次のような，身のまわりで観察した生物を分類する。

> スイレン　ダンゴムシ　マツ　オオカナダモ　アリ
> ウサギ　タンポポ　チョウ　ハト　サクラ　メダカ

- ●注目する観点を決める。…移動するか，しないか。
- ●特徴の相違点に注目して，分けるグループを決める。
  …移動するか，しないかの2つのグループに分ける。
- ●共通点をもつ生物を同じグループにまとめる。

移動する生物	移動しない生物
ダンゴムシ，アリ，ウサギ，チョウ，ハト，メダカ	スイレン，マツ，オオカナダモ，タンポポ，サクラ

移動する生物をさらに分ける。

- ●注目する観点を決める。…おもに何を使って移動するか。
- ●特徴の相違点に注目して，分けるグループを決める。
  …ひれ，あし，はね，つばさの4つに分ける。
- ●共通点をもつ生物を同じグループにまとめる。

ひれ	あし	はね	つばさ
メダカ	ダンゴムシ，アリ，ウサギ	チョウ	ハト

✦ 覚えると得 ✦

注目する観点が変わると，分類の結果が変わることがある。

- ●生活場所で分類
- ・水中…スイレン，オオカナダモ，メダカ
- ・陸上…ダンゴムシ，マツ，アリ，ウサギ，タンポポ，チョウ，ハト，サクラ

観点が違っても，分類の結果が同じになることもある。

- ●口がある生物と口がない生物に分類
  →左と同じ結果になる。
- ・口がある生物…ダンゴムシ，アリ，ウサギ，チョウ，ハト，メダカ
- ・口がない生物…スイレン，マツ，オオカナダモ，タンポポ，サクラ

左の「学習の要点」を見て答えましょう。

③ 生物の分類について，次の問いに答えなさい。 《《 チェック P.8 ③

(1) 次の文の〔　〕にあてはまることばを書きなさい。

・生物のさまざまな特徴に注目し，特徴の共通点や相違点を比べて，グループ分けをすることを〔① 　　　　〕という。

・特徴を比べて，共通点と相違点のうち，〔② 　　　　〕をもつ生物を同じグループにまとめる。

・同じ生物の組み合わせでも，注目する観点を変えると，グループの分かれ方が変わることが〔③ 　　　　〕。

(2) 次の生物を，生活場所という観点で分類した。下の表の〔　〕にあてはまる生物名を書きなさい。

アオミドロ　　アブラナ　　ワカメ　　フナ　　シイタケ　　イカ

陸上	海	川や池
〔①　　　　　〕	〔③　　　　　〕	〔⑤　　　　　〕
〔②　　　　　〕	〔④　　　　　〕	〔⑥　　　　　〕

(3) あおいさんは，野菜を下のＡ，Ｂの２つのグループに分類した。

Ａ　キュウリ，ホウレンソウ，カリフラワー，カボチャ
Ｂ　ジャガイモ，ニンジン，ダイコン，タマネギ

どのような観点で分類したか。最も適当なものを，次のア〜エから選び，記号で答えなさい。　　　　　　　　　　　　　　　　　　〔　　　〕

ア　食べる部分が実か，実ではないか。
イ　食べる部分が根か，根ではないか。
ウ　食べる部分が緑色か，緑色ではないか。
エ　食べる部分が地上にあるか，地下にあるか。

単元1 植物の世界

1 右の図は，ある建物の南側と北側に生えている植物と，そこで見られた動物を表している。次の問いに答えなさい。《 チェック P.6 ① （各3点×10 **30点**）

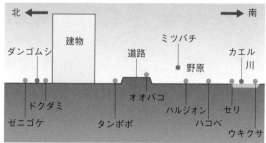

(1) 図を見ながら，図中の8つの植物を，次のア～エにあてはまるものに分けて書きなさい。

ア　日当たりのよい，かわいた陸地で，人通りの多い道ばたでも育つもの。

〔　　　　　　　〕〔　　　　　　　〕

イ　日当たりのよい，かわいた陸地で，野原で育つもの。

〔　　　　　　　〕〔　　　　　　　〕

ウ　日当たりの悪いところで育つもの。

〔　　　　　　　〕〔　　　　　　　〕

エ　日当たりのよい，水辺や水の上で育つもの。

〔　　　　　　　〕〔　　　　　　　〕

(2) 図中の動物のうち，次のア，イにあてはまるものを選び，動物名を書きなさい。

ア　落ち葉や石の下，土の中で生活している動物　〔　　　　　　　〕

イ　池や川，水たまりで生活している動物　〔　　　　　　　〕

2 右の図は，ある学校の植物地図である。図を見て，次の文の〔　　〕にあてはまることばを書きなさい。

《 チェック P.6 ① （各4点×4 **16点**）

タンポポとドクダミは，いっしょに生えていないことがわかる。

タンポポは日当たりの〔①　　　　　〕場所に生え，ドクダミは日当たりの〔②　　　　　〕場所に生えている。また，土のしめりけを比べると，タンポポは〔③　　　　　〕場所に生え，ドクダミは〔④　　　　　〕場所に生えている。

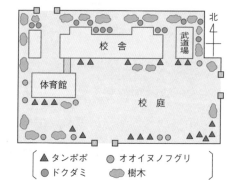

3 次の文は，ルーペの正しい使い方について述べたものである。〔　　〕にあてはまることばを，下の{　}の中から選んで書きなさい。　(各4点×4　**16**点)

≪ **チェック** P.6 ❷

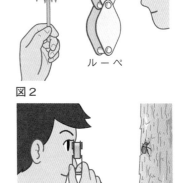

図1

ルーペ

(1) 図1のように，ルーペで花を観察する場合，ルーペは〔①　　　　　〕に近づけて持ち，〔②　　　　　〕を前後させてピントを合わせる。

(2) 図2のように，動かせないものを観察する場合，目を〔①　　　　　〕に近づけたまま，〔②　　　　　〕を前後させてピントを合わせる。

{ 花　　目　　ルーペ　　顔 }

図2

4 次の文は，双眼実体顕微鏡（そうがんじったいけんびきょう）の使い方について述べたものである。〔　　〕にあてはまることばを書きなさい。

≪ **チェック** P.6 ❷ (各4点×5　**20**点)

視度調節リング　　接眼レンズ

鏡筒

粗動（そどう）ねじ

対物レンズ

微動（びどう）ねじ

クリップ

ステージ

(1) 両目の間隔（かんかく）に合わせて，左右の視野が1つに見えるように，〔　　　　　〕の間隔を調節する。

(2) 両目で見て，〔　　　　　〕ねじをゆるめて鏡筒（きょうとう）を上下させ，およそのピントを合わせる。

(3) 〔①　　　　　〕目だけで見て，〔②　　　　　〕ねじで，しっかりピントを合わせる。

(4) 左目だけで見て，〔　　　　　　　　　　〕を左右に回して，ピントを合わせる。

5 イヌ，ハト，アブラナ，モンシロチョウ，イチョウ，サルを，口のちがいによって，次のように分類した。〔　　〕にあてはまる生物名を書きなさい。

≪ **チェック** P.8 ❸ (各3点×6　**18**点)

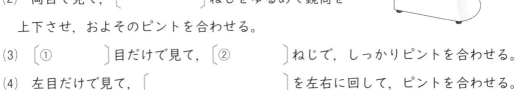

するどい歯のある口をもつ。・・〔①　　　　　〕〔②　　　　　〕

歯のない口をもつ。・・・・・・・〔③　　　　　〕〔④　　　　　〕

口をもたない。・・・・・・・・・〔⑤　　　　　〕〔⑥　　　　　〕

1 下のア～エの方法で，花がさいているタンポポを観察した。ただし，ア～エは，観察する順序には並んでいない。次の問いに答えなさい。　（各5点×10　**50**点）

> ア　タンポポのからだ全体や花，葉を肉眼やルーペで観察し，スケッチする。
> イ　おしべの花粉を採取し，ある器具で観察し，スケッチする。
> ウ　タンポポが生えている場所の特徴（日当たりやしめりけなど）を調べて記録する。
> エ　ルーペで，めしべの先のつくりや形，ようすを観察してスケッチする。

(1) 上のア～エを，最も適当な観察の順序に並べなさい。

〔　　　→　　　→　　　→　　　〕

(2) 図1は，AさんとBさんがタンポポの葉をスケッチしたものである。スケッチのしかたとして適切でないのは，A，Bのどちらか。その理由も簡単に書きなさい。　　記号〔　　　〕

理由〔　　　　　　　　　　　　〕

図1

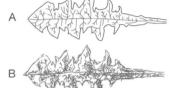

A

B

(3) イで，花粉を100倍に拡大して観察するには，何を使えばよいか。下の{　}の中から選んで書きなさい。

〔　　　　　　　　　　　　　　〕

{　ルーペ　　双眼実体顕微鏡　　顕微鏡　}

(4) 図2は，タンポポの花の観察レポートである。①，②には，観察したときの何を記録しておくとよいか。

①〔　　　　〕　②〔　　　　〕

(5) 図2のレポートの文の，③～⑥にあてはまることばを書きなさい。

③〔　　　　〕　④〔　　　　〕

⑤〔　　　　〕　⑥〔　　　　〕

図2

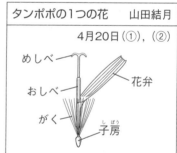

タンポポの1つの花　　山田結月

4月20日（①），（②）

めしべ

おしべ

がく

花弁

子房

〔まとめ〕1. タンポポの花は，たくさんの（③）が集まって1つの花のように見える。

2. おしべはくっつくように（④）のまわりをとり囲んでいる。

3. めしべの（⑤）は2つに分かれていて，黄色い粉のような（⑥）がついていた。

〔感想〕小さい花の1つ1つに種

得点UPコーチ

1 (1)生活している生物を観察するときは，環境や全体のようすを調べてから，からだの各部，細部の順に観察していく。

(2)スケッチは，かげをつけたりぬりつぶしたりしない。　(4)生物の育ち方や活動のようすは，これに影響される。

学習日　月　日　得点　点

1 次の(1)〜(5)にあてはまるものを，下の{ }の生物の中からそれぞれ2つずつ選び，記号で答えなさい。　　　　　　　　　　　　　　（各3点×10　**30**点）

(1) 日当たりのよい，比較的（ひかくてき）かわいた陸上に生えている植物。　　　　〔　　〕〔　　〕

(2) 日当たりの悪い，しめったところに生えている植物。　　　　　〔　　〕〔　　〕

(3) 日当たりのよい水辺や水面でよく見られる植物。　　　　　　　〔　　〕〔　　〕

(4) 落ち葉や石の下，土の中で生活している動物。　　　　　　　　〔　　〕〔　　〕

(5) 池や川，水たまりで生活している動物。　　　　　　　　　　　〔　　〕〔　　〕

{
ア　ドクダミ　　　イ　メダカ　　　ウ　アメンボ　　　エ　ゼニゴケ
オ　ダンゴムシ　　カ　ナズナ　　　キ　ウキクサ　　　ク　セリ
ケ　タンポポ　　　コ　ミミズ
}

2 右の図は，ある建物の南側と北側に生えている植物の種類を表している。次の問いに答えなさい。　　　（各4点×5　**20**点）

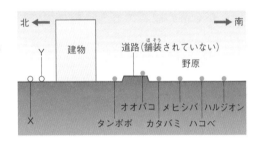

(1) 図中の植物のうち，次の①，②にあてはまるものを選び，植物名を書きなさい。

① 人通りの多い場所で生活できるもの。　　〔　　　　　〕〔　　　　　〕

② 草たけ（植物の高さ）がいちばん高くなるもの。　　　　〔　　　　　〕

(2) Xにあてはまる植物を，次のア〜ウから選び，記号で答えなさい。

ア　ハルジオン　　イ　ドクダミ　　ウ　カタバミ　　　〔　　　〕

(3) Yの場所にナズナを植えてみたところ，よく育たなかった。その理由を簡単に書きなさい。

〔　　　　　　　　　　　　　　　　　　　　　　　　　　　　　　〕

得点UP コーチ

1 ドクダミは，しめったところに生え，特有のにおいがある。また，ウキクサは，田んぼや池などで見られる。

2 (1)ハルジオンは，茎（くき）がまっすぐにのびる。　(2)日光の当たり方を考えよう。　(3)ナズナの育つ環境（かんきょう）を思い出そう。

学習の要点

2章 花のつくりとはたらき -1

❶ 花のつくりとはたらき

① **花の基本的なつくり**　花の中心に<u>めしべ</u>があり，その外側を**おしべ・花弁（花びら）・がく**の順に，めしべをとり囲んでいる。

> この4つの要素をもつ花を完全花という。

- **めしべ**…花の中心にあり，先端を柱頭という。めしべの根もとのふくらみを子房といい，この中に胚珠がある。

- **おしべ**…めしべのまわりにあって，先端に**花粉**の入っている
  > 植物の種類によって，数がちがう。

  やくがある。

- **花弁**…植物の種類によって，**色や数（枚数）**がちがう。
  > 合弁花と離弁花がある。

- **がく**…つぼみのとき，花の内部を保護している。

② **花のはたらき**　植物は，**種子**をつくるために花をさかせる。

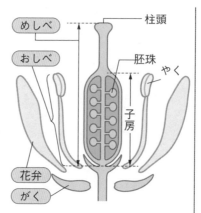

●花の基本的なつくり（模式図）

柱頭／めしべ／おしべ／胚珠／やく／子房／花弁／がく

❷ いろいろな花のつくり

	ナズナ	サクラ	タンポポ	エンドウ
めしべ	1本／胚珠：多数	1本／胚珠：1個	1本／胚珠：1個	1本／胚珠：数個
おしべ	6本（2本は短い）	多数	5本（くっついている）	10本（1本は離れている）
花弁	4枚，離れている	5枚，離れている	5枚，くっついている	5枚，離れている
がく	4枚，離れている	5つに分かれる	多数，毛になっている	5つに分かれる

ナズナ：めしべ／おしべ／柱頭／おしべ／子房／花弁／1つの花／がくと花弁をとり除いたもの

果実：中に種子がある。

サクラ：花弁／おしべ／めしべ／めしべ／柱頭／胚珠／がく／子房／胚珠

タンポポ：おしべ／めしべ／花の集まり／1つの花／花弁／がく／子房／がく／果実

エンドウ：花弁／おしべ／花弁（5枚）／めしべ／子房／がく／胚珠

ミスに注意

★ヘチマやスイカ，トウモロコシやカボチャの花のように，**雌花**（めしべがある）と**雄花**（おしべがある）に分かれている花がある。

✦ 覚えると得 ✦

合弁花と離弁花

アサガオやツツジの花のように，花弁が1枚にくっついている花を合弁花という。アブラナやホウセンカの花のように，花弁が1枚1枚に離れている花を離弁花という。

基本チェック

左の「学習の要点」を見て答えましょう。

① 花のつくりとはたらきについて，次の問いに答えなさい。《チェック P.14 ①》

(1) 次の文の〔　〕にあてはまることばを書きなさい。

・めしべは花の中心にあり，先端を〔①　　　　〕という。めしべの根もとのふくらんだ部分を〔②　　　　〕といい，この中に〔③　　　　〕がある。

・おしべはめしべのまわりにあり，先端には〔④　　　　〕の入っている〔⑤　　　　〕がある。

・植物が花をさかせるのは，〔⑥　　　　〕をつくるためである。

(2) 右の図の〔　〕にあてはまる名前を書きなさい。

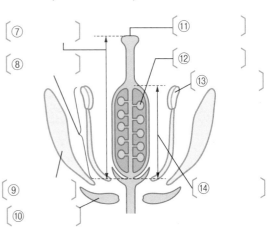

〔⑦　　〕
〔⑧　　〕
〔⑪　　〕
〔⑫　　〕
〔⑬　　〕
〔⑨　　〕
〔⑩　　〕
〔⑭　　〕

② いろいろな花のつくりについて，次の問いに答えなさい。《チェック P.14 ②》

(1) 次の文の〔　〕にあてはまることばを書きなさい。

・アサガオの花のように，花弁が1枚にくっついている花を〔①　　　　〕という。また，アブラナの花のように，花弁が1枚1枚に離れている花を〔②　　　　〕という。

(2) 次の図の〔　〕にあてはまる名前を書きなさい。

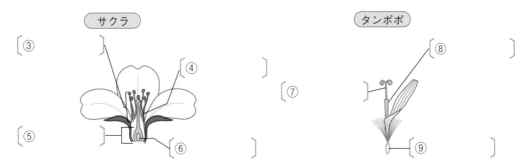

サクラ

〔③　　〕
〔④　　〕
〔⑤　　〕
〔⑥　　〕
〔⑦　　〕

タンポポ

〔⑧　　〕
〔⑨　　〕

2章 花のつくりとはたらき -2

❸ 果実や種子のでき方

① **受粉**　おしべのやくでつくられた花粉が，めしべの柱頭
→昆虫などで運ばれるものが多い。
につくことを受粉という。

② **種子のでき方**　受粉すると，子房は成熟して果実になり，
胚珠は種子になる。
→子房の中にある。

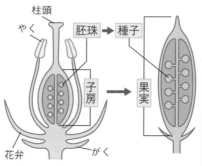
●果実と種子の関係　子房が果実に，胚珠が種子になる。

❹ マツのなかまの花と種子

① **マツの花のつくり**　雌花と雄花に分かれていて，花弁やがくがない。雌花には胚珠はあるが，子房はない。
→むき出しの状態になっている。

●**雌花**…新芽の先につく。多数のりん片の集まりで，りん片の内側に2個の胚珠がついている。

●**雄花**…新芽のつけ根につく。多数のりん片の集まりで，りん片の外側に2個の花粉のうがついている。
→中に花粉が入っている。花粉は風で運ばれる（風媒花）。

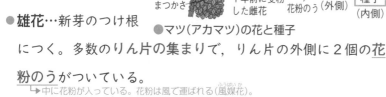
●マツ（アカマツ）の花と種子

② **マツの種子**　受粉すると，胚珠は成熟して，1年半後の秋に種子になる。子房がないので，果実はできない。雌花の全体がまつかさになる。

◆**種子植物**　種子でなかまをふやす植物を種子植物といい，子房があるかないかによって，被子植物と裸子植物に分けられる。

●**被子植物**…例　アブラナ，タンポポ，ツツジ，ユリなど。

●**裸子植物**…例　マツ，イチョウ，スギ，ソテツなど。

③ 果実や種子のでき方について，次の問いに答えなさい。　　《 チェック P.16 ❸

(1)　次の文の〔　　〕にあてはまることばを書きなさい。

・おしべのやくでつくられた〔①　　　　　　〕が，めしべの〔②　　　　　　〕に
つくことを〔③　　　　　〕という。

・受粉すると，子房は成熟し
て〔④　　　　　　〕になり，
胚珠は〔⑤　　　　　　〕に
なる。

(2)　右の図の〔　　〕にあてはま
る名前を書きなさい。

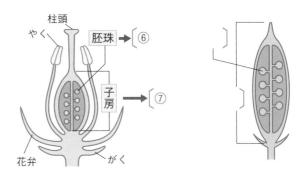

柱頭
やく
胚珠 →〔⑥
子房 →〔⑦
花弁
がく

④ マツのなかまの花と種子について，次の問いに答えなさい。　　《 チェック P.16 ❹

(1)　次の文の〔　　〕にあてはまることばを書きなさい。

・雌花と雄花に分かれていて，〔①　　　　　　〕やがくがない。雌花には，胚珠
はあるが，〔②　　　　　　〕はない。

・マツの雌花は，新芽の先につく多数のりん片の集まりで，りん片の内側に2個
の〔③　　　　　　〕がついている。雄花は，新芽のつけ根につく多数のりん片
の集まりで，りん片の外側に2個の〔④　　　　　　〕がついている。

・マツは受粉すると，胚珠は成
熟して〔⑤　　　　　〕になる。
〔⑥　　　　　〕がないので，
果実はできない。

・マツの花には子房がなく，
〔⑦　　　　　〕がむき出しの
状態になっている。

(2)　右の図の〔　　〕にあてはまる名前を書きなさい。

〔⑧
まつかさ
りん片
(内側)
受粉
〔⑨
⑩
まつかさ
1年前に受粉
した雌花
りん片
(外側)
⑪
種子
(内側)

17

1 下の図は，アブラナの１つの花のつくりを示したものである。これについて，次の問いに答えなさい。

チェック P.14 ①, P.16 ④（各４点×12 **48**点）

ア [   ]

ウ [   ]

エ [   ]

オ [   ]

カ [   ]

イ [   ]

アの一部分

キ [   ]

ク [   ]

```
花 弁      が く      めしべ      子 房
おしべ      や く      柱 頭      胚 珠
```

(1) 図中のア～クの部分をそれぞれ何というか。上記の[....]の中からあてはまる名前を選び，[ ]に書きなさい。

(2) 次の①～④の説明にあてはまる部分を，図のア～クから選び，記号で答えなさい。

① 花粉がたくさん入っている。……………………………………………〔　　　　〕

② 成熟すると，種子になる。………………………………………………〔　　　　〕

③ 成熟すると，果実になる。………………………………………………〔　　　　〕

④ マツの雌花にもある。……………………………………………………〔　　　　〕

2 次の文の〔　　〕にあてはまることばを書きなさい。

チェック P.16 ④（各４点×3 **12**点）

　種子でふえる植物を，〔①　　　　　　　　〕という。①のうち，胚珠が子房の中にある植物を〔②　　　　　　　　〕といい，子房がなく胚珠がむき出しになっている植物を〔③　　　　　　　〕という。

3 下の図は，マツ（アカマツ）の花と種子のつくりを表している。図を参考に，マツを観察して書いた次の文の〔　〕にあてはまることばを書きなさい。

チェック P.16 ④（各5点×8）**40**点

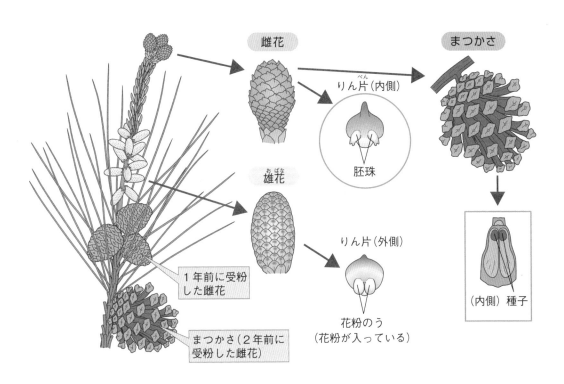

雌花

まつかさ

りん片（内側）

胚珠

雄花（おばな）

りん片（外側）

花粉のう
（花粉が入っている）

1年前に受粉
した雌花

まつかさ（2年前に
受粉した雌花）

（内側）種子

　マツの全体を観察すると，新芽の先端（せんたん）には〔① 　　　　　〕があって，そのすぐ下には，たくさんの〔② 　　　　　〕ができている。さらにその下には，〔③ 　　　　　〕の春に花をさかせた雌花があり，やがて〔④ 　　　　　〕になる。④には〔⑤ 　　　　　〕ができる。

　次に，雌花から〔⑥ 　　　　　〕を1枚，ていねいにはぎとってルーペで観察すると，内側の下部には，一対（2個）の〔⑦ 　　　　　〕がむき出しの状態になってついている。つまり，雌花には，〔⑧ 　　　　　〕に相当するものがないことがわかる。

2章 花のつくりとはたらき

1 次の(1)〜(3)の文は，種子ができるまでを順を追ってまとめたものである。文中の〔　〕にあてはまることばを，右の図中から選んで書きなさい。

（各4点×7　**28**点）

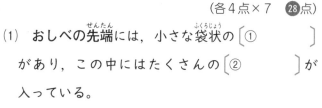

(1) おしべの先端には，小さな袋状の〔① 　　　　〕があり，この中にはたくさんの〔② 　　　　〕が入っている。

(2) やくから出された〔① 　　　　〕は，チョウやハチなどの〔② 　　　　〕や風などによって運ばれ，めしべの先端の〔③ 　　　　〕につく。これを**受粉**という。

(3) 受粉すると，めしべの根もとの〔① 　　　　〕が育ち，**果実**になる。**子房**の中には〔② 　　　　〕があり，これが育って種子となる。

2 右の図は，エンドウの花と果実のつくりを表したものである。次の問いに答えなさい。

（各4点×6　**24**点）

(1) 図中のア，イ，オ，カの名前を，それぞれ下の{ }の中から選んで書きなさい。

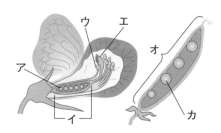

ア〔　　　　　〕 イ〔　　　　　〕

オ〔　　　　　〕 カ〔　　　　　〕

{
種子　　子房　　やく
柱頭　　胚珠　　果実
}

(2) 受粉すると，やがてオやカができる。オ，カになるのは，それぞれア〜エのどの部分か。記号で答えなさい。

オ〔　　　〕 カ〔　　　〕

得点UPコーチ

1 (2)花粉の運ばれ方は，種子植物の種類によって異なり，トウモロコシなど，花弁がなく，目立たない花の花粉は風で運ばれるものが多い。　(3)子房，胚珠，果実，種子の関係を正しく覚えよう。

2 (2)各部分の形から考えてみよう。

3 右の図のＡ，Ｂは，サクラのなかま（被子植物）とマツのなかま（裸子植物）の花の

つくりを模式的に表したものである。図を見て，次の問いに答えなさい。

（各４点×３　**12**点）

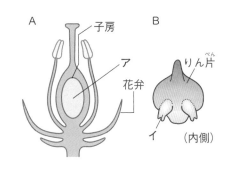

(1) マツのなかまの花のつくりを表しているの
は，Ａ，Ｂのどちらか。〔　　　〕

(2) Ａのアの部分とＢのイの部分は，同じ名前
で同じはたらきをしている。この部分を何と
いうか。〔　　　〕

(3) Ｂのようなつくりの花をもつ植物を，下の
{ }の中から選んで書きなさい。〔　　　　　〕

{ アブラナ　　　スギ　　　イネ　　　エンドウ }

4 右の図のＡ，Ｂは，それぞれマツの花のりん片を模式的に表したものである。こ

の図について，次の問いに答えなさい。なお，それぞれの答えは，下の{ }の中か

らあてはまるものを選んで書きなさい。

（各６点×６　**36**点）

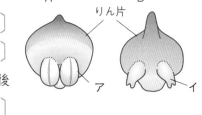

(1) 図中のア，イの部分を，それぞれ何というか。
ア〔　　　　〕　イ〔　　　　〕

(2) 受粉すると，イは何になるか。〔　　　　〕

(3) マツはイがむき出しで，子房がないため，受粉後
に何ができないか。〔　　　　〕

(4) Ａ，Ｂは，それぞれ何とよばれているところにあるか。

Ａ〔　　　　〕　Ｂ〔　　　　〕

{ 雄花　　雌花　　花粉のう　　胚珠　　種子　　子房　　果実 }

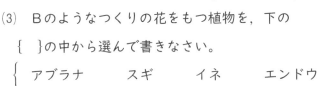
得点UP
コーチ
3(2)どちらも種子になる部分である。Ａ
の花のつくりから，めしべと答えたく
なるので注意する。
4(4)Ａには花粉のう（花粉が入った袋）
があり，Ｂには胚珠がある。

1 下のA〜Cは，3種類の花を分解して紙の上に並べ，その右に，それぞれの花の特徴を記録したものである。次の問いに答えなさい。 （各4点×13 **52点**）

A
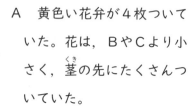

A　黄色い花弁が4枚ついていた。花は，BやCより小さく，茎の先にたくさんついていた。

B
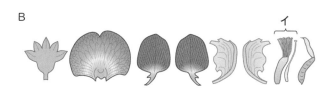

B　うすいピンク色の形のちがう花弁が，おしべとめしべを包んでいた。

C

C　赤い色の花弁で，先は5つに分かれているが，根もとは1枚にくっついていた。

(1) 図のア〜ウは，それぞれ，花の何という部分か。

　　　　　ア〔　　　　　　　〕　　イ〔　　　　　　　〕　　ウ〔　　　　　　　〕

(2) A〜Cの花で，次の①，②のものは，それぞれ何本あるか。

　① おしべ……A〔　　　　〕本，　B〔　　　　〕本，　C〔　　　　〕本

　② めしべ……A〔　　　　〕本，　B〔　　　　〕本，　C〔　　　　〕本

(3) A〜Cの花は，それぞれタンポポ，ツツジ，エンドウ，アブラナのうちのどれか。

　　　　　　　　A〔　　　　　　　〕　B〔　　　　　　　〕　C〔　　　　　　　〕

(4) Cの花のように，花弁が1枚にくっついている植物を，下の{ }の中から選んで書きなさい。　　　　　　　　　　　　　　　　　　　　　　〔　　　　　　　〕

{ ナズナ　　　サクラ　　　アサガオ　　　ホウセンカ }

得点UP
コーチ

1 図は，A〜Cの花を，それぞれ外側から分解して，左側から順に並べている。
(1)アは花のいちばん外側にあり，ウは，花のいちばん内側にある。
(3)花弁の色や形，数などから考える。
(4)花弁がラッパのようになっている。

2 図1, 2は, 花のどの部分が種子になるのか, その関係を表したものである。次の問いに答えなさい。

(各4点×8 **32**点)

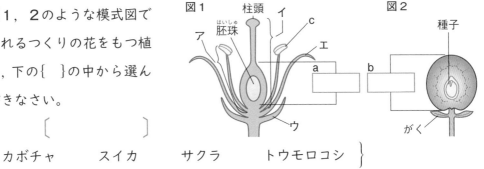

(1) 図1, 2のような模式図で示されるつくりの花をもつ植物を, 下の{ }の中から選んで書きなさい。

〔　　　　　　　　　　　〕

{ カボチャ　　　スイカ　　　サクラ　　　トウモロコシ }

(2) 図1, 2のa, bの□□□に, あてはまる名前(部分名)を書きなさい。

(3) 図1のcの部分を, 何というか。〔　　　　　　〕

(4) 図1のア～エのうち, 種子をつくるために必要な部分を2つ選び, 記号で答えなさい。また, それぞれの名前も書きなさい。

記号〔　　〕　名前〔　　　　　　〕

記号〔　　〕　名前〔　　　　　　〕

3 右の図は, タンポポの花と果実を表したものである。次の問いに答えなさい。　(各4点×4 **16**点)

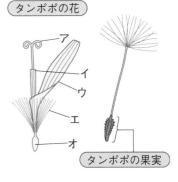

(1) タンポポの花粉が, 図のア～オのどの部分につくと, 果実ができるか。記号で答えなさい。〔　　　　〕

(2) 果実は, 図のア～オのどの部分が変化してできたものか。記号で答え, その部分の名前も書きなさい。

記号〔　　〕　名前〔　　　　　　〕

(3) 果実の中には種子がある。種子は何が成長してできたものか。

〔　　　　　　　　　〕

得点UP
コーチ

2 (1)図1から, この花はめしべとおしべの両方をもっているので, 雌花と雄花があるカボチャ・スイカ・トウモロコ

シはあてはまらない。
3 どんな種類の花でも, 種子になる部分は, めしべの決まった部分である。

23

学習の要点

3章 植物の分類 -1

❶ 種子植物

① **被子植物** 花に子房があり，胚珠が子房の中にある。被子植物の多くは，花弁とがくをもっている。子葉の枚数のちがいから，さらに双子葉類と単子葉類に分けられる。

● **双子葉類**…子葉が２枚で発芽する植物。葉脈は網状脈であり，
　→葉のすじ
根は主根と側根からなる。双子葉類のうち，花弁がくっつい
　→１本の太い根とそこから枝分かれする細い根
て１枚になっているものを合弁花類，花弁が１枚１枚離れて
　　　　　　　→P.14参照
いるものを離弁花類という。
　　　→P.14参照

● **単子葉類**…子葉が１枚で発芽する植物。葉脈は平行脈で，根
はひげ根である。
　→たくさんの細い根

② **裸子植物** 花に子房がなく，胚珠がむき出しになっている。

◆ 覚えると得 ◆

花がさかない植物は種子をつくらない。

種子をつくらない植物（シダ植物やコケ植物など）は，胞子によってふえる。

網状脈と平行脈

双子葉類（ツバキやアブラナなど）の葉脈は網目のようになっているので，網状脈という。単子葉類（トウモロコシやツユクサなど）の葉脈は平行になっているので，平行脈という。

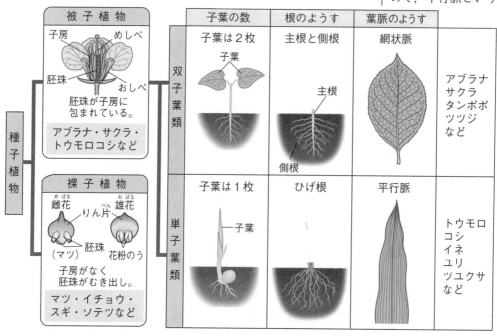

基本チェック

左の「学習の要点」を見て答えましょう。

① 種子をつくる植物について，次の問いに答えなさい。　　　　　　《 チェック P.24 **①**

(1) 次の文の〔　　　〕にあてはまることばを書きなさい。

・花をさかせ種子をつくる植物を〔① 　　　　　　　〕という。

・胚珠が子房の中にある植物を〔② 　　　　　　　〕といい，②は

〔③ 　　　　　　　〕の枚数によって，双子葉類と単子葉類に分けられる。

・子葉が２枚で発芽する植物を〔④ 　　　　　　　〕という。④の根は

〔⑤ 　　　　　　　〕からなり，葉脈は〔⑥ 　　　　　　　〕である。

・子葉が１枚で発芽する植物を〔⑦ 　　　　　　　〕という。⑦の根は

〔⑧ 　　　　　　　〕で，葉脈は〔⑨ 　　　　　　　〕である。

・双子葉類のうち，花弁がくっついて１枚になっている植物を

〔⑩ 　　　　　　　〕，花弁が１枚１枚離れている植物を〔⑪ 　　　　　　　〕と

いう。

(2) 次の表の〔　　　〕にあてはまることばや数字を書きなさい。

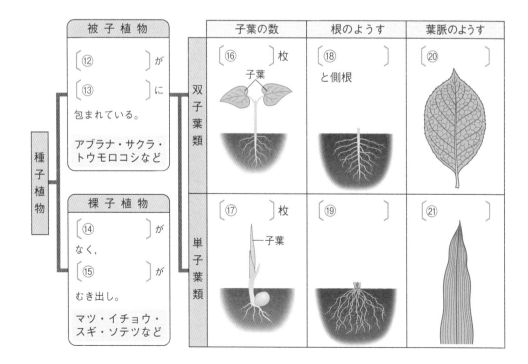

被子植物		子葉の数	根のようす	葉脈のようす
〔⑫ 　　　〕が〔⑬ 　　　〕に包まれている。 アブラナ・サクラ・トウモロコシなど	双子葉類	〔⑯ 　　　〕枚 子葉	〔⑱ 　　　〕 と側根	〔⑳ 　　　〕
裸子植物 〔⑭ 　　　〕がなく，〔⑮ 　　　〕がむき出し。 マツ・イチョウ・スギ・ソテツなど	単子葉類	〔⑰ 　　　〕枚 子葉	〔⑲ 　　　〕	〔㉑ 　　　〕

種子植物

3章 植物の分類 -2

② 種子をつくらない植物

① **シダ植物** イヌワラビ，ゼンマイ，スギ
ナ，ノキシノブなど。

● **生活場所**…おもに，しめった日かげ。
　　　　※ワラビは日当たりのよいところにも生える。
● **からだのつくり**…根・茎・葉の区別があり，
　　　　　↳地下茎のものが多い。
葉の色は緑色である。
● **ふえ方**…胞子でなかまをふやす。**葉の裏**
の胞子のうの中に胞子ができ，胞子が地
　　↳茶色
面に落ちて発芽する。
↳しめったところ。

② **コケ植物** ゼニゴケ，スギゴケなど。

● **生活場所**…おもに，しめった日かげ。
※エゾスナゴケのように，乾燥に強く日当たりのよい場所に生える種類もある。
● **からだのつくり**…根・茎・葉の区別がない。
　　　　　　　　　　　↳仮根がある。
● **ふえ方**…**雌株**と**雄株**があり，雌株にできる胞
子でふえる。

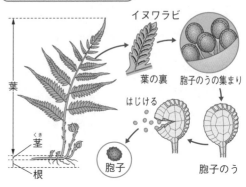

シダ植物のからだと胞子

イヌワラビ
葉
茎
根
葉の裏　胞子のうの集まり
はじける
胞子
胞子のう

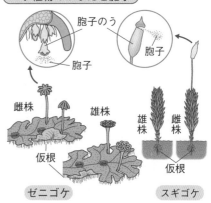

コケ植物のからだと胞子

胞子のう
胞子
胞子
雌株
雄株
雄株
雌株
仮根
仮根
ゼニゴケ
スギゴケ

③ 植物の分類

① **植物の分類** 植物は，その特徴によって次のように分類できる。

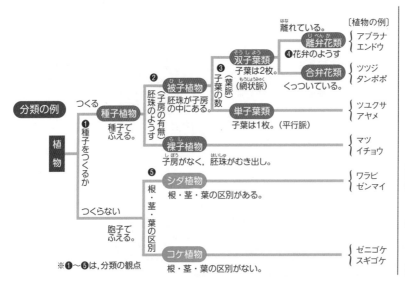

分類の例

植物

❶種子をつくるか

つくる → 種子植物 種子でふえる。

❷被子植物（子房の有無）胚珠が子房の中にある。

❸子葉の数（葉脈）

双子葉類 子葉は2枚。（網状脈）

❹花弁のようす

離弁花類 離れている。〔植物の例〕アブラナ エンドウ

合弁花類 くっついている。ツツジ タンポポ

単子葉類 子葉は1枚。（平行脈）ツユクサ アヤメ

裸子植物 子房がなく，胚珠がむき出し。マツ イチョウ

つくらない

❺根・茎・葉の区別 胞子でふえる。

シダ植物 根・茎・葉の区別がある。ワラビ ゼンマイ

コケ植物 根・茎・葉の区別がない。ゼニゴケ スギゴケ

※❶〜❺は，分類の観点

重要 テストに出る

● シダ植物，コケ植物は，胞子でふえる。

● シダ植物は，根・茎・葉の区別がある。

基本チェック

左の「学習の要点」を見て答えましょう。

② シダ植物について，次の文の〔　〕にあてはまることばを書きなさい。

チェック P.26 ❷

・生活場所はおもに，日かげで，〔①　　　　　　〕ている場所。

・根・茎・葉の区別が〔②　　　　　〕，葉の色は〔③　　　　　〕である。

・シダ植物は，〔④　　　　　〕でなかまをふやす。葉の裏に〔⑤　　　　〕ができ，その中に④ができる。

③ コケ植物について，次の文の〔　〕にあてはまることばを書きなさい。

チェック P.26 ❷

・根・茎・葉の区別が〔①　　　　　〕。

・〔②　　　　　〕と〔③　　　　　〕があり，雌株にできる〔④　　　　　〕でなかまをふやす。

④ 植物のなかまとその分類について，次の図の◯にあてはまる分類名を書きなさい。

チェック P.26 ❸

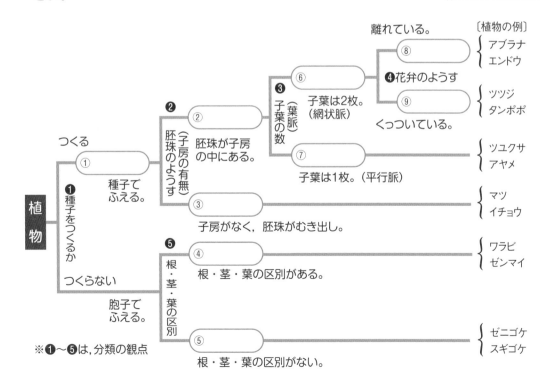

3章 植物の分類

1 次の文は，種子をつくる植物の分類について述べたものである。文中の〔　〕にあてはまることばを，下の{　}の中から選んで書きなさい。

≪ チェック P.24 ❶（各5点×8　**40**点）

(1) 花をさかせる植物は〔　　　　　　　　〕をつくってなかまをふやすので，種子植物とよばれている。

(2) マツやスギなどの花のように，胚珠が〔①　　　　　　　　〕に包まれず，むき出しになっているなかまを〔②　　　　　　　〕植物という。また，アブラナやサクラなどの花のように，胚珠が子房に包まれているなかまを〔③　　　　　　　〕植物という。

(3) (2)の③のなかまは，発芽のとき子葉が1枚の〔①　　　　　　　〕類と，子葉が2枚の〔②　　　　　　　〕類の2つのグループに分類できる。また，〔③　　　　　　　〕が1枚1枚離れている離弁花類と，1枚にくっついている〔④　　　　　　　〕類とに分けられる。

{
種子　　　花粉　　　胞子　　　子房　　　果実　　　被子　　　裸子

合弁花　　離弁花　　単子葉　　双子葉　　がく　　　花弁
}

2 右の図は，イヌワラビのからだのつくりを表している。次の文の〔　〕にあてはまることばを書きなさい。

≪ チェック P.26 ❸（各5点×4　**20**点）

(1) イヌワラビのからだは，〔①　　　　　〕・茎・〔②　　　　　〕の3つの部分からできている。

(2) イヌワラビなど，シダ植物は〔①　　　　　〕でふえる。イヌワラビの葉の裏側には，①が入った〔②　　　　　　〕という袋がついている。

葉

若い葉

茎
（地下茎）

根

3 右の図は，スギゴケとゼニゴケのからだのつくりを表している。これについて，次の問いに答えなさい。

≪ チェック P.26 ❷ （各5点×4 **20**点）

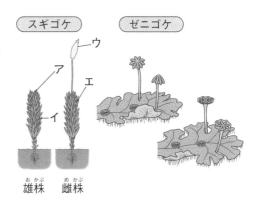

スギゴケ　ゼニゴケ

雄株　雌株

(1) スギゴケやゼニゴケは何によって，なかまをふやすか。

〔　　　　　　　　〕

(2) (1)で答えたものはスギゴケではどこでつくられるか。図のア～エから選び，記号で答えなさい。

〔　　　〕

(3) 次の①，②の文は，コケ植物について述べたものである。＿＿をつけた部分が正しければ○を，まちがっていれば正しくなおして〔　　〕に書きなさい。

① 根・茎・葉の区別がはっきりして<u>いる</u>〔　　　　　　〕。

② 雌株と雄株が<u>ある</u>〔　　　　　　〕。

4 種子植物は，被子植物と裸子植物の2つに大きく分けられる。これについて，次の問いに答えなさい。

≪ チェック P.24 ❶ （各5点×4 **20**点）

(1) 被子植物がもつ特徴を述べているものを，次のア～オから2つ選び，記号で答えなさい。

〔　　　〕〔　　　〕

ア 花がさく。　　　イ 子房をもたない。

ウ 受粉をしない。　エ 果実をつくらない。

オ 胚珠が子房に包まれている。

(2) 裸子植物に分類されるものを，次のア～オから2つ選び，記号で答えなさい。

〔　　　〕〔　　　〕

ア キク　　　イ イチョウ　　　ウ イネ

エ ソテツ　　オ アブラナ

1 植物の分類について，下の問いに答えなさい。　　((3)5点　他各3点×15　**50**点)

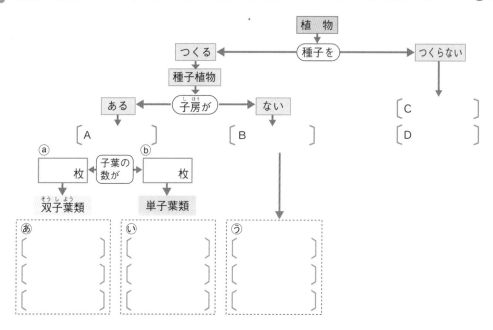

(1) 図中のA～Dの〔　〕にあてはまるグループ名(分類名)を，次のア～エから選び，記号で答えなさい。

　　ア　コケ植物　　イ　シダ植物　　ウ　被子植物　　エ　裸子植物

(2) ⓐ，ⓑの□に，あてはまる数(枚数)を書きなさい。

(3) 双子葉類のうち，花弁が1枚1枚離れている植物の分類名を何というか。

〔　　　　　　　　〕

(4) 右の9種類の植物を，上の図の
　　あ～うに3つずつ分類して，
　　〔　〕に名前を書きなさい。

| イネ　　スギ　　トウモロコシ |
| アブラナ　　イチョウ　　サクラ |
| ツツジ　　ユリ　　マツ |

得点UP
コーチ

1 (2)被子植物は，葉脈が網状脈か平行脈か，根が主根・側根かひげ根かなどの特徴によって，それぞれ分類できる。

(4)被子植物で，葉脈が網目状になっているものは双子葉類，葉脈が平行であるものは単子葉類である。

学習日		得点	
	月　日		点

1 図1は，イヌワラビのからだを表し，図2は，その一部を表している。次の問いに答えなさい。

（各5点×5　**25**点）

図1

図2

(1) イヌワラビは何植物に分類されるか。　〔　　　　　〕

(2) 図1のCの部分は何か。　〔　　　　　〕

(3) 図2のE，Fは何か。それぞれの名前を書きなさい。

E〔　　　　　〕　F〔　　　　　〕

(4) 図2のEは，図1のどこにできるか。次のア〜エから選び，記号で答えなさい。

ア　Aの表　　イ　Aの裏　　ウ　Bのまわり　　エ　Dの先　　〔　　　　　〕

2 下の図は，8種類の植物をいろいろな基準（観点）でグループ分けしたものである。これについて，次の問いに答えなさい。

（各5点×5　**25**点）

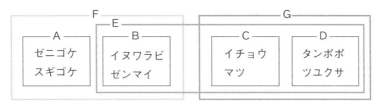

F			G	
A	E B		C	D
ゼニゴケ スギゴケ	イヌワラビ ゼンマイ		イチョウ マツ	タンポポ ツユクサ

(1) 次の①〜③のグループを分けた基準は何か。下のア〜エから選び，記号で答えなさい。

①　AとE　〔　　　　〕　　②　CとD　〔　　　　〕　　③　FとG　〔　　　　〕

ア　子房の有無　　　　　　　イ　根・茎・葉の区別の有無

ウ　花弁がくっついているか　エ　種子でふえるか，胞子でふえるか

(2) BとDのグループに属する植物を，次の{ }の中から選んで書きなさい。

{ イネ　スギナ　ソテツ }　　B〔　　　　　〕　D〔　　　　　〕

　得点UPコーチ

1 (1)イヌワラビは種子をつくらない。
　(2)A，Bは葉，Dは根である。

2 A…コケ植物，B…シダ植物，C…裸

子植物，D…被子植物，G…種子植物である。シダ植物は，根・茎・葉の区別がある。

1 右の図1はアブラナの花のつくりを，図2はマツの花のりん片のつくりを，図3は成熟したエンドウのさやを表している。これについて，次の問いに答えなさい。

（各4点×13 **52**点）

図1　図2　図3

(1) 図1のイに相当する部分は，図2のク，ケのどちらか。記号で答えなさい。

〔　　　　　〕

(2) 図2のクに相当する部分は，図1のア～キのうちのどこか。記号で答えなさい。

〔　　　　　〕

(3) 図1のア～キのうち，成熟して果実になる部分はどこか。図中の記号で答え，その名前も書きなさい。

記号〔　　　　　〕　　名前〔　　　　　　　　　〕

(4) 図1のア～キのうち，成熟して種子になる部分はどこか。図中の記号で答え，その名前も書きなさい。

記号〔　　　　　〕　　名前〔　　　　　　　　　〕

(5) 図2で，雌花にあるのはA，Bのどちらか。記号で答えなさい。　　〔　　　　　〕

(6) 図2について，次の①～③の問いに答えなさい。

① 図1のアに相当する部分があるか。　　〔　　　　　　　　　〕

② 図1のカ，キに相当する部分があるか。　　〔　　　　　　　　　〕

③ 図3のコに相当するものができるか。　　〔　　　　　　　　　〕

(7) 図3のコは，エンドウの花の何が成熟したものか。　　〔　　　　　　　　　〕

(8) 種子植物のうち，マツのような植物を何というか。また，アブラナのような植物を何というか。それぞれ漢字4字で書きなさい。

マツ〔　　　　　　　　　〕　　アブラナ〔　　　　　　　　　〕

得点UP
コーチ

1 (3), (4)果実になるのは，めしべのどの部分であるかを考える。その部分で胚珠を包んでいる。　(5)図2は，左が雌花のりん片，右が雄花のりん片である。　(7)図3のコは果実で，中に種子が入っている。

2 植物のなかまを，下のように分類した。これについて，次の問いに答えなさい。

(各3点×16　**48**点)

◇種子をつくってなかまをふやす………〔① 　　　　　〕

●胚珠が子房に包まれている…………〔② 　　　　　〕

　○発芽時，子葉が1枚……………〔③ 　　　〕・(a 　　　　　)

　○発芽時，子葉が2枚……………〔④ 　　　〕

　　・花弁が1枚にくっついている…〔⑤ 　　　〕・(b 　　　　　)

　　・花弁が1枚1枚離れている……〔⑥ 　　　〕・(c 　　　　　)

●胚珠がむき出しになっている………〔⑦ 　　　〕・(d 　　　　　)

◇種子をつくらず(e 　　　　　　)でなかまをふやす

(1)　①〜⑦の〔　　〕にあてはまる植物の分類名を，次の□□の中から選んで書きなさい。

| 被子植物 | 種子植物 | 単子葉類 | 双子葉類 |
| 裸子植物 | 合弁花類 | 離弁花類 | |

(2)　a〜dの(　　)にあてはまる植物を，次の{　}の中から選んで書きなさい。

{ トウモロコシ　　マツ　　アサガオ　　エンドウ }

(3)　右の図のA〜Cは，③，④の植物の葉脈と，根のようすを示したものである。それぞれどちらの植物のものか。番号で答えなさい。

A〔　　　〕　B〔　　　〕　C〔　　　〕

(4)　a〜dの植物のうち，受粉後，成熟して種子はできるが，果実はできないものはどれか。記号で答えなさい。

〔　　　〕

(5)　eの(　　)にあてはまることばを書きなさい。

2 (1)被子植物は，子葉が1枚か2枚かで単子葉類・双子葉類に分けられる。さらに，双子葉類は花弁がくっついてい るか離れているかで合弁花類・離弁花類に分けられる。　(4)裸子植物は子房がないので，果実ができない。

定期テスト 対策 問題(1) ✏️

1 右の図のA～Cは，3種類の花のつくりを表したものである。これらの花について，次の問いに答えなさい。 (各3点×7 **21**点)

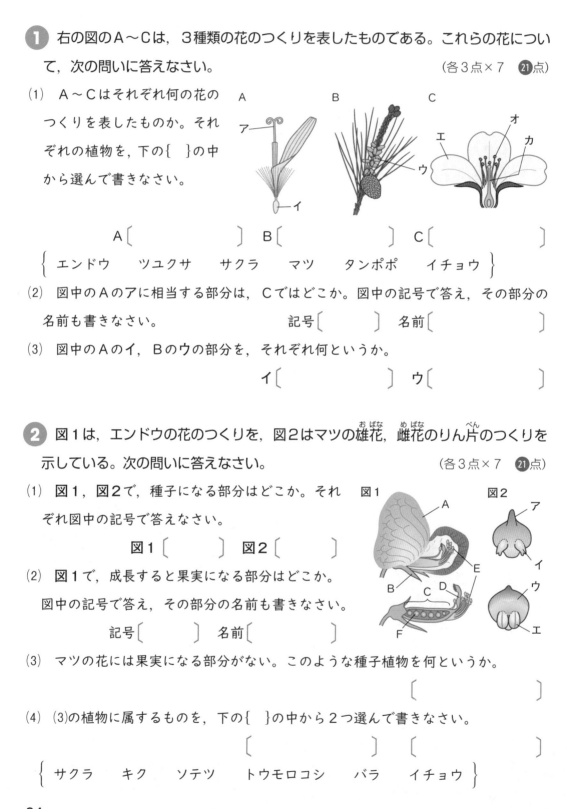

(1) A～Cはそれぞれ何の花のつくりを表したものか。それぞれの植物を，下の{ }の中から選んで書きなさい。

A〔　　　　　〕　B〔　　　　　〕　C〔　　　　　〕

{ エンドウ　　ツユクサ　　サクラ　　マツ　　タンポポ　　イチョウ }

(2) 図中のAのアに相当する部分は，Cではどこか。図中の記号で答え，その部分の名前も書きなさい。　　記号〔　　　〕　名前〔　　　　　〕

(3) 図中のAのイ，Bのウの部分を，それぞれ何というか。

イ〔　　　　　〕　ウ〔　　　　　〕

2 図1は，エンドウの花のつくりを，図2はマツの雄花（おばな），雌花（めばな）のりん片（べん）のつくりを示している。次の問いに答えなさい。 (各3点×7 **21**点)

(1) 図1，図2で，種子になる部分はどこか。それぞれ図中の記号で答えなさい。

図1〔　　　〕　図2〔　　　〕

(2) 図1で，成長すると果実になる部分はどこか。図中の記号で答え，その部分の名前も書きなさい。

記号〔　　　〕　名前〔　　　　　〕

(3) マツの花には果実になる部分がない。このような種子植物を何というか。

〔　　　　　〕

(4) (3)の植物に属するものを，下の{ }の中から2つ選んで書きなさい。

〔　　　　　〕　〔　　　　　〕

{ サクラ　　キク　　ソテツ　　トウモロコシ　　バラ　　イチョウ }

3 右の図のように，種子をつくる植物を分類した。次の問いに答えなさい。

(各5点×8 **40**点)

(1) 図のA～Gの特徴は，それぞれどんな特徴か。下のア～キから選び，記号で答えなさい。

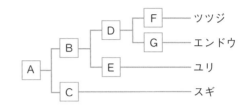

　ア　胚珠（はいしゅ）は子房（しぼう）の中にある。

　イ　花弁が１枚にくっついている。　　ウ　子葉が１枚である。

　エ　胚珠がむき出しである。　　オ　子葉が２枚である。

　カ　花弁が離（はな）れている。　　キ　種子でふえる。

　　　　　A〔　　　〕　B〔　　　〕　C〔　　　〕　D〔　　　〕

　　　　　　　　　　E〔　　　〕　F〔　　　〕　G〔　　　〕

(2) Bのような特徴をもつ種子植物を何というか。

〔　　　　　　　　　〕

4 図１，図２は，トウモロコシとサクラの根と葉のようすを模式的に表したものである。次の問いに答えなさい。

(各3点×6 **18**点)

(1) 図１，図２は，どちらの植物か。植物名を答えなさい。

　　　　図１〔　　　　　　　〕

　　　　図２〔　　　　　　　〕

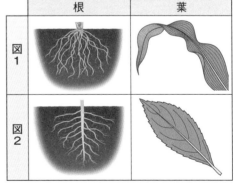

(2) 図１の根は，同じ太さの根がたくさんのびている。このような根を何というか。

〔　　　　　　　〕

(3) 図２の葉の葉脈は，網目状（あみめじょう）になっている。このような葉脈を何というか。

〔　　　　　　　〕

(4) 図１，図２の植物は，その特徴から，それぞれ被子植物の何類（ひし）に分類されるか。

　　　　図１〔　　　　　　　〕　図２〔　　　　　　　〕

定期テスト 対策 問題(2) ✏

1 はやとさんは野菜の食べる部分について調べて，分類を行った。ブロッコリーは花，タマネギは葉，ジャガイモは茎であることがわかった。表の①〜⑥にあてはまる野菜を，下のア〜カから選び，記号で答えなさい。　　　　　　　　（各3点×6　**18**点）

地上の部分を食べる。			地下の部分を食べる。		
葉	実	花	葉	茎	根
①	②	③	④	⑤	⑥

　　ア　ブロッコリー　　イ　タマネギ　　ウ　ナス　　エ　ダイコン

　　オ　ホウレンソウ　　カ　ジャガイモ

2 右の図は，カキの実を半分に切ったところを表している。この図をもとに，次の問いに答えなさい。　　　　（各4点×3　**12**点）

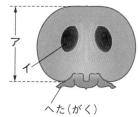

へた（がく）

(1)　ア，イの部分を何というか。

　　　　　ア〔　　　　　　　　〕　　イ〔　　　　　　　　　〕

(2)　カキにアができることから考えて，カキは被子植物，裸子植物のどちらといえるか。　　　　〔　　　　　　　　　〕

3 右の図は，被子植物の花のつくりを模式的に表したものである。この図をもとに，次の問いに答えなさい。　　　　（(1)各3点×6，他各4点×2　**26**点）

(1)　図中のア〜カにあてはまるものを，下の{ }の中から選んで書きなさい。

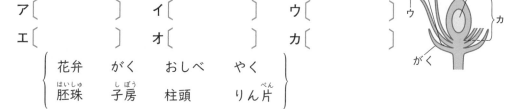

　　　ア〔　　　　　　〕　　イ〔　　　　　　　〕　　ウ〔　　　　　　〕

　　　エ〔　　　　　　〕　　オ〔　　　　　　　〕　　カ〔　　　　　　〕

$$\left\{ \begin{array}{llll} 花弁 & がく & おしべ & やく \\ 胚珠 & 子房 & 柱頭 & りん片 \end{array} \right\}$$

(2)　花粉はどこでつくられるか。図中のア〜カから選び，記号で答えなさい。

　　　　　　　　　　　　　　　　　　　　　　　　　　　〔　　　　〕

(3)　成長して種子になる部分はどこか。図中のア〜カから選び，記号で答えなさい。

　　　　　　　　　　　　　　　　　　　　　　　　　　　〔　　　　〕

④ 下の図に示したA〜Dの植物について，次の問いに答えなさい。

（各4点×6 **24**点）

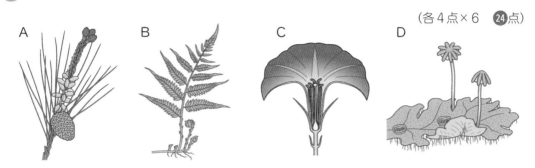

A　　　　　B　　　　　C　　　　　D

(1) Aのなかまを裸子植物という。Bのなかまを何というか。　〔　　　　　　　〕

(2) 次の文の〔　　〕にあてはまることばを書きなさい。

　　Cは，胚珠が子房の中にある花をもつ。この植物のなかまを〔①　　　　　〕とい

　い，受粉後，子房は〔②　　　　　〕になり，〔③　　　　　〕は種子になる。

(3) A〜Dのうち，種子植物以外の植物は，何をつくってなかまをふやすか。

〔　　　　　　　〕

(4) 根・茎・葉の区別がない植物を，A〜Dからすべて選び，記号で答えなさい。

〔　　　　　　　〕

⑤ 下の表は，5種類の植物を，いろいろな特徴（観点）で分けたものである。これに
　ついて，次の問いに答えなさい。

（各4点×5 **20**点）

A	B	C	D	E
スギゴケ　ⓐ　スギナ　ⓑ　イチョウ　ⓒ　ツユクサ　ⓓ　ヒマワリ				

(1) AとBの植物の共通する性質を，次のア〜エから選び，記号で答えなさい。

　　ア　花がさく。　　　　イ　根・茎・葉の区別がない。

　　ウ　胞子をつくる。　　エ　胚珠がある。　　　　　　　　〔　　　　〕

(2) 種子でふえるものと，胞子でふえるものとの2つのグループに分けるとき，その
　　境界線はa〜dのどこか。記号で答えなさい。　　　　　　〔　　　　〕

(3) 表中の植物から単子葉類を選び，植物名を書きなさい。　〔　　　　〕

(4) 次の①，②の植物を，上のA〜Eに分類すると，それぞれどこに属するか。記号
　　で答えなさい。　　　　　①　タンポポ〔　　　〕　　　②　ゼンマイ〔　　　〕

1 昆虫のからだ

① **昆虫のからだのつくり** チョウ，トンボ，バッタなどのからだは，頭部，胸部，腹部の3つの部分からできていて，あしが6本ある。このようなからだのつくりをもつ動物のなかまを昆虫という。

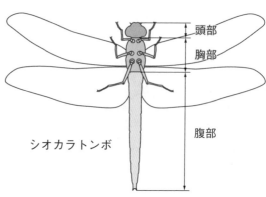

シオカラトンボ

頭部
胸部

腹部

頭部
目や口，触角がある。

胸部
あしやはねがついている。

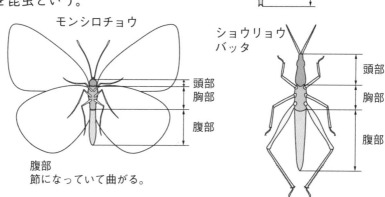

モンシロチョウ

頭部
胸部

腹部

腹部
節になっていて曲がる。

ショウリョウバッタ

頭部

胸部

腹部

② **昆虫の目・触角** 昆虫の目もヒトの目と同じように，食物をさがしたり，まわりのようすを見て危険を感じとったりする役目をしている。触角も，まわりのようすを知るのに役立っている。

触角
目

シオカラトンボ

触角
目

モンシロチョウ

触角
目

ショウリョウバッタ

③ **昆虫以外の動物** クモやダンゴムシなどは，昆虫のなかまではない。

● クモ
からだが頭胸部と腹部の2つに分かれていて，あしが8本ある。

頭胸部
腹部

● ダンゴムシ
からだが頭部・胸部・腹部の3つに分かれていて，あしが14本ある。

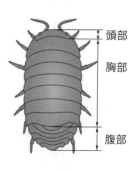

頭部

胸部

腹部

復習ドリル

1 下の図の中から，昆虫をすべて選び，記号で答えなさい。

〔　　　　　　　〕

思い出そう

◀昆虫はからだが，頭部，胸部，腹部の3つの部分からできていて，あしが6本ある。

ア　　　　イ　　　　ウ

エ　　　　オ

2 右の図は，トンボのからだのつくりを表したものである。ただし，あしはかかれていない。次の問いに答えなさい。

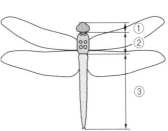

◀トンボは昆虫である。昆虫のあしは，胸部に6本ついている。

(1)　図の①〜③の部分を何というか。

①〔　　　　　　　〕　②〔　　　　　　　〕

③〔　　　　　　　〕

(2)　トンボのあしはどこに何本ついているか。

どこに〔　　　　　　　〕　何本〔　　　　　　　〕

(3)　トンボのからだは3つの部分からできているが，チョウやバッタはどうなっているか。次のア〜エから選び，記号で答えなさい。　　〔　　　　　〕

◀チョウもバッタもトンボと同じ昆虫のなかまである。

ア　チョウもバッタも，3つの部分からできている。

イ　チョウは3つ，バッタは2つの部分からできている。

ウ　チョウは2つ，バッタは3つの部分からできている。

エ　チョウとバッタは，2つの部分からできている。

4章 動物のからだのつくり -1

❶ セキツイ動物の特徴と種類

① **セキツイ動物** 背骨がある動物のこと。呼吸のしかたやなかまのふやし方などの特徴のちがいによって，**魚類，両生類，ハチュウ類，鳥類，ホニュウ類**の5つに分けられる。

	生活場所	呼吸のしかた	からだの表面	なかまのふやし方	体温
魚 類 例：フナ, カツオ	水 中	えらで呼吸	うろこ	卵 生(らんせい)	変温動物(へんおん)
両 生 類 例：カエル	子…水中 親…水辺	子…えらと皮膚(ひふ) 親…肺と皮膚	しめった皮膚	卵 生	変温動物
ハチュウ類 例：ヘビ, カメ	陸 上	肺で呼吸	うろこやこうら	卵 生	変温動物
鳥 類 例：ハト, ワシ	陸 上	肺で呼吸	羽 毛(もう)	卵 生	恒温動物(こうおん)
ホニュウ類 例：ウマ, トラ	陸 上	肺で呼吸	毛	胎 生(たいせい)	恒温動物

● **卵生**…卵をうんで，卵から子がかえるふやし方。魚類，両生類は，卵を水中でうみ，卵には殻(から)がない。ハチュウ類，鳥類は，卵を陸上でうみ，卵には殻がある。

● **胎生**…子どもは母親の体内である程度育ってから，うまれるふやし方。うまれた子どもに，乳をあたえて育てる。
　└→胎児

② **草食動物と肉食動物**

● **草食動物**…おもに植物を食べて生活している動物。
　└→ウマ, キリン, ウサギなど。
　草食動物の目は横向き。
　→視野が広く，広範囲(こうはんい)を見わたせる。
　→まわりを警戒(けいかい)しやすい。

● **肉食動物**…おもにほかの動物を食べて生活している動物。
　└→ネコ, トラ, ライオンなど。
　肉食動物の目は前向き。
　→視野はせまいが，立体的に見える範囲が広い。
　→えものをねらいやすい。（距離(きょり)が正確につかめる。）

重要 テストに出る

● **両生類の呼吸**
子はえらと皮膚，親は肺と皮膚で呼吸する（水中→陸上）。

✦覚えると得✦

恒温動物と変温動物
● 恒温動物…まわりの温度が変化しても，体温をほぼ一定に保つことができる動物。
● 変温動物…まわりの温度の変化にともなって，体温が変化する動物。

! ミスに注意

★サメ，タツノオトシゴは魚類。イモリは両生類。ヤモリはハチュウ類。ペンギンは鳥類。イルカ，クジラ，コウモリはホニュウ類。

できた！中1理科

中学基礎がため100%

教科書との内容対応表

※令和3年度の教科書からは、こちらの対応表を使いましょう。

- この表の左側には、みなさんが使っている教科書の内容を示してあります。右側には、それらに対応する「基礎がため100%」のページを示してあります。
- できた！ 中1理科は、「物質・エネルギー」と「生命・地球」の2冊があり、それぞれのページが示してあります。勉強をするときのページ合わせに活用してください。

くもん出版

教育出版
自然の探究　中学理科1

基本チェック　左の「学習の要点」を見て答えましょう。

① セキツイ動物について，次の問いに答えなさい。　　チェック P.40 ①

(1) 背骨がある動物を何動物というか。

〔　　　　　　　〕

(2) 次のような特徴をもつセキツイ動物を，下の{　}の中から選んで書きなさい。

① からだの表面がうろこやこうらでおおわれ，肺で呼吸する。

〔　　　　　　　〕

② からだの表面がうろこでおおわれ，えらで呼吸する。

〔　　　　　　　〕

③ からだの表面が羽毛でおおわれ，肺で呼吸する。〔　　　　　　　〕

④ からだの表面が毛でおおわれ，肺で呼吸する。〔　　　　　　　〕

⑤ からだの表面がしめった皮膚でおおわれ，子のときはえらと皮膚で呼吸し，

親になると肺と皮膚で呼吸する。〔　　　　　　　〕

{ ホニュウ類　ハチュウ類　魚類　両生類　鳥類 }

(3) なかまのふやし方について，次の問いに答えなさい。

① 子どもが母親の体内である程度育ってから，うまれるふやし方を何というか。

〔　　　　　　　〕

② 卵をうんで，卵から子がかえるふやし方を何というか。

〔　　　　　　　〕

(4) 草食動物と肉食動物について，次の問いに答えなさい。

① おもに植物を食べて生活している動物を何動物というか。

〔　　　　　　　〕

② おもにほかの動物を食べて生活している動物を何動物というか。

〔　　　　　　　〕

4章 動物のからだのつくり -2

2 無セキツイ動物

① **無セキツイ動物**　背骨がない動物を無セキツイ動物という。

● **節足動物**…昆虫やエビ，カニなど，からだがかたい殻（外骨
　└昆虫類　└甲殻類

格）でおおわれ，からだやあしに節がある動物。外骨格と，

その内側につ
いた筋肉を
使って，活発
に運動する。

触角

● **軟体動物**…イカやタコ，マイマイやアサリなど，からだのや

わらかい動物。あしは筋肉
でできていて節はなく，内
臓は**外とう膜**とよばれる筋
肉でできた膜でおおわれて
いる。

● その他の無セキツイ動物…ミミズ，クラゲ，ヒトデ，ウニな
ど。

3 動物の分類

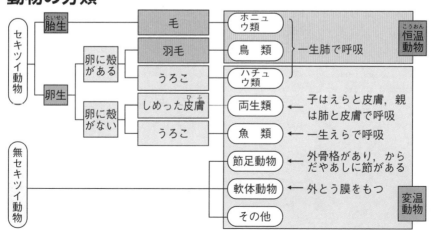

基本
チェック

左の「学習の要点」を見て答えましょう。

2 無セキツイ動物について，次の問いに答えなさい。　　　　　チェック P.42 ②

(1) 背骨がない動物を何動物というか。　　　　　　　〔　　　　　　　　　〕

(2) 昆虫やカニなど，からだがかたい殻でおおわれ，からだやあしに節がある動物
を何動物というか。　　　　　　　　　　　　　　〔　　　　　　　　　〕

(3) (2)の下線部のかたい殻を何というか。　　　　　〔　　　　　　　　　〕

(4) イカ，マイマイなど，からだはやわらかく，内臓が筋肉でできた膜で包まれて
いる動物を何動物というか。　　　　　　　　　　〔　　　　　　　　　〕

(5) (4)がもつ，内臓を包んでいる膜を何というか。　〔　　　　　　　　　〕

3 動物の分類について，次の①〜⑥にあてはまることばを書きなさい。

チェック P.42 ③

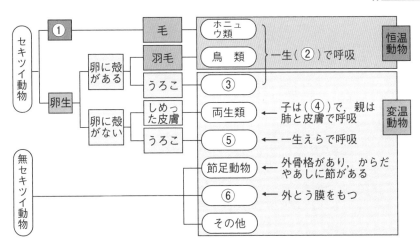

　　　　　　　　　　　　　　　　　　　　　①〔　　　　　　　　　〕
　　　　　　　　　　　　　　　　　　　　　②〔　　　　　　　　　〕
　　　　　　　　　　　　　　　　　　　　　③〔　　　　　　　　　〕
　　　　　　　　　　　　　　　　　　　　　④〔　　　　　　　　　〕
　　　　　　　　　　　　　　　　　　　　　⑤〔　　　　　　　　　〕
　　　　　　　　　　　　　　　　　　　　　⑥〔　　　　　　　　　〕

1 セキツイ動物は，その特徴によって魚類，両生類，ハチュウ類，鳥類，ホニュウ類に分けられる。右の表は特徴の一部である。表をもとに，次の動物はそれぞれ何類か答えなさい。

《 チェック P.40 ① (各4点×5 **20**点)

	なかまの ふやし方	からだの表 面のようす
魚 類	殻のない卵を 水中にうむ。	うろこ
両生類	殻のない卵を 水中にうむ。	しめった うすい皮膚
ハチュ ウ類	殻のある卵を 陸上にうむ。	うろこや こうら
鳥 類	殻のある卵を 陸上にうむ。	羽毛
ホニュ ウ類	子をうむ。	毛

①サル 子に乳を
あたえる。

②カエル うすい皮膚で，
しめっている。

殻のない卵

〔　　　　　〕

③メダカ

殻のない卵

〔　　　　　〕

④スズメ

〔　　　　　〕

⑤トカゲ

うろこ

〔　　　　　〕

2 下の図は，いろいろな動物をいくつかの特徴をもとに，A～Eの5つのグループに分けたものである。次の問いに答えなさい。 《 チェック P.40 ① (各5点×6 **30**点)

(A
ヒバリ
ペンギン)　(B
ゴリラ
ヤギ)　(C
フナ
マグロ)　(D
カメ
ワニ)　(E
カエル
イモリ)

(1) A～Eのうち，1つのグループだけ，ほかとなかまのふやし方がちがうものがある。それはどれか，記号で答えなさい。また，そのふやし方は，卵生，胎生のどちらか。　　　　記号〔　　　〕　ふやし方〔　　　　　〕

(2) 一生を水中で生活する動物のグループを，A～Eからすべて選び，記号で答えなさい。　　　　　　　　　　　　　　　　　　　　　　〔　　　　　〕

(3) Eのグループの動物は，何類とよばれるか。　　〔　　　　　〕

(4) B，Dのグループに入る動物を，下の{　}の中からそれぞれ選んで書きなさい。

B〔　　　　　〕　D〔　　　　　〕

{ ヘビ　　ハト　　クジラ　　アジ　　サンショウウオ }

3 背骨がない動物について，次の問いに答えなさい。

チェック P.42 ②（各5点×3　**15**点）

(1) 背骨がない動物を何というか。　〔　　　　　　　〕

(2) 下の{ }の中のうち，(1)の動物に分類されるものはどれか。すべて選んで書きなさい。　〔　　　　　　　〕

{ イカ　イヌ　クモ　スズメ　エビ　トカゲ　フナ　マイマイ }

(3) イカやマイマイの内臓は，何という膜でおおわれているか。

〔　　　　　　　〕

4 右の図のような動物を節足動物という。次の問いに答えなさい。

チェック P.42 ③（各5点×7　**35**点）

（節足動物の特徴）
● 体表はかたい殻（外骨格）
● 節がある　● 卵生

クモ

カブトムシ

カニ

ムカデ

(1) 節足動物に背骨はあるか。

〔　　　　　　　〕

(2) 節足動物には，からだとあしに共通した特徴がある。その特徴とはどんなことか。簡単に書きなさい。

〔　　　　　　　〕

(3) 節足動物は，活発に運動することができる。それは，あしなどの殻の内側に，何がついているからか。　〔　　　　　　　〕

(4) 節足動物は，卵，子のどちらをうんでなかまをふやすか。〔　　　　　〕

(5) カエル，トンボ，カメのうち，節足動物はどれか。　〔　　　　　〕

(6) カブトムシやバッタのような節足動物は，何類とよばれるか。

〔　　　　　　　〕

(7) カニやエビのような節足動物は，何類とよばれるか。　〔　　　　　〕

4章 動物のからだのつくり

1 右の図の動物について，次の問いに答えなさい。　イルカ

（各5点×5　**25**点）

(1) イルカは，海の中を泳ぎまわるホニュウ類である。
イルカは，卵生か，胎生か。　　　　　　　〔　　　　　　　〕

コウモリ

(2) イルカはどのようにして子を育てるか。次のア～ウから選び，
記号で答えなさい。　　　　　　　　　　〔　　　　　　　〕

ア　はじめは母乳をあたえ，保護しながら育てる。

イ　はじめは親と同じ食物をあたえ，保護しながら育てる。

ウ　はじめから子は自分で食物をとり，親は保護しない。

(3) コウモリは，からだの表面が毛でおおわれている。セキツイ動物のうち，コウモ
リは何類か。　　　　　　　　　　　　　〔　　　　　　　　　　〕

(4) コウモリは，卵生か，胎生か。　　　　　〔　　　　　　　　　　〕

(5) イルカとコウモリに共通することを，下の{　　　}の中から選んで書きなさい。

〔　　　　　　　　　　　　　　　〕

{ えらで呼吸する。　肺で呼吸する。　あしがある。　あしがない。}

2 右の図は，7種類の動物を，
それぞれの特徴をもとに，A～
Gの順に並べたものである。次
の問いに答えなさい。

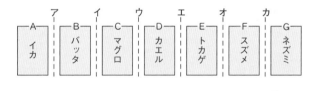

（各6点×4　**24**点）

(1) これらの動物を，背骨がある動物と背骨がない動物の2つのグループに分けると
すると，その境界線は，ア～カのどこになるか。記号で答えなさい。　〔　　　〕

(2) 次の動物は，それぞれA～Gのどのなかまに入るか。記号で答えなさい。

① ヤモリ〔　　　〕　② アサリ〔　　　〕　③ クジラ〔　　　〕

**得点UP
コーチ**

1 (1), (2)海の中で生活していても，ホ
ニュウ類は子をうみ，乳をあたえて育
てる。

2 Aは軟体動物，Bは節足動物，C は魚
類，Dは両生類，Eはハチュウ類，F
は鳥類，Gはホニュウ類である。

3 右の図は, 草食動物と肉食動物の目のつき方を表したものである。次の問いに答えなさい。

（各6点×5　**30**点）

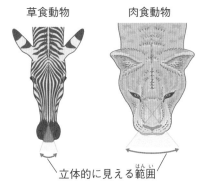

草食動物　　　　　肉食動物

立体的に見える範囲

(1) 目のつき方が, 次の①, ②のようになっているのは, それぞれ草食動物, 肉食動物のどちらか。

①　前向きについている。〔　　　　　　　　〕

②　横向きについている。〔　　　　　　　　〕

(2) 周囲を警戒するのに都合がよいのは, 草食動物, 肉食動物のどちらの目のつき方か。

〔　　　　　　　　　　〕

(3) 草食動物を, 下の{ }の中から2つ選んで書きなさい。

〔　　　　　　〕〔　　　　　　〕

{ ウマ　　ライオン　　ネコ　　ウサギ }

4 右の図は, エビとカマキリのからだのつくりを表したものである。次の問いに答えなさい。

（各7点×3　**21**点）

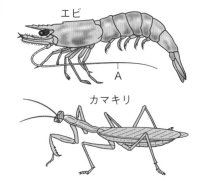

エビ

A

カマキリ

(1) エビのAを何というか。　〔　　　　　　　　〕

(2) エビとカマキリに共通していることは何か。次のア～エから2つ選び, 記号で答えなさい。

〔　　　　　　　　〕

ア　あしが3対ある。　　　イ　からだが_ⓐかたい殻でおおわれている。

ウ　あしに節がある。　　　エ　からだが頭胸部と腹部の2つに区分される。

(3) (2)のイの下線部ⓐを何というか。　〔　　　　　　　　〕

得点UP
コーチ

3 (1)目が前向きについていると, 立体的に見える範囲が広くなり, えものを捕らえることができる。

4 (2), (3)エビもカマキリもからだがかたい殻でおおわれた節足動物である。

発展
ドリル

4章 動物のからだのつくり

1 右の図のA，Bは，いろいろな動物を，ある特徴（とくちょう）によってグループ分けしたものである。次の問いに答えなさい。 （各5点×8 **40点**）

A　ウサギ　イモリ　カツオ　カメ　ハト

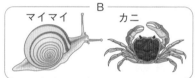

B　マイマイ　カニ

(1) Aのグループの動物とBのグループの動物の大きなちがいは，何の有無か。

〔　　　　　　　　〕

(2) Aのグループの動物をまとめて何というか。

〔　　　　　　　　〕

(3) Bのグループの動物をまとめて何というか。

〔　　　　　　　　〕

(4) ヘビ，ミミズは，それぞれA，Bのどちらのグループに入るか。記号で答えなさい。　　　　　　　　　　　　　　ヘビ〔　　　〕　ミミズ〔　　　〕

(5) 成長の途中（とちゅう）で呼吸のしかたが変わる動物を，Aのグループから1つ選んで書きなさい。

〔　　　　　　　　〕

(6) なかまのふやし方が卵生である動物を，Aのグループからすべて選んで書きなさい。

〔　　　　　　　　〕

(7) からだが外骨格でおおわれている動物を，Bのグループから1つ選んで書きなさい。

〔　　　　　　　　〕

2 下の図は，7種類の動物を分類したものである。次の問いに答えなさい。

（各5点×6 **30点**）

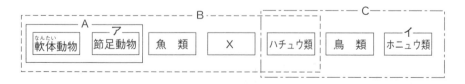

	A	ア	B			C	イ
軟体動物（なんたい）	節足動物	魚類	X	ハチュウ類	鳥類	ホニュウ類	

得点**UP**
コーチ

1 (1)～(3)Aのグループの動物は，背骨を中心とする骨格（内骨格）をもっている。Bのグループの動物には背骨がない。

(4)ミミズには背骨がない。

学習日		得点
月　日		点

(1) Xにあてはまる動物は何類か。　　　　　　　　〔　　　　　　　〕

(2) ア，イにあてはまる動物を，次の{　　}の中から１つずつ選んで書きなさい。

{ アサリ　　ツバメ　　キツネ
　チョウ　　カツオ　　カエル }　　　　　ア〔　　　　　　〕
　　　　　　　　　　　　　　　　　　　　　　イ〔　　　　　　〕

(3) A〜Cは何を基準に分けてあるか。次の{　　}の中から１つずつ選んで書きなさい。

{ 一生えらで呼吸する。　背骨がある。
　一生肺で呼吸する。　　背骨がない。
　変温動物である。　　恒温（こうおん）動物である。 }　　A〔　　　　　　　　〕
　　　　　　　　　　　　　　　　　　　　　　　　B〔　　　　　　　　〕
　　　　　　　　　　　　　　　　　　　　　　　　C〔　　　　　　　　〕

3 右の図の無セキツイ動物について，次の問いに答えなさい。　　　　　　(各５点×６　**30**点)

クラゲ　　　ヒトデ

(1) 右の図の動物は，陸上，湖，海のどこで生活しているか。　　　　　〔　　　　　　〕

イカ　　　　サザエ

(2) クラゲやヒトデに，背骨はあるか。　　　　　　　〔　　　　　　〕

(3) イカやサザエは，マイマイと同じなかまである。これらの無セキツイ動物のなかまを何というか。　　　　〔　　　　　　〕

(4) イカやサザエと同じなかまを，下の{　　}の中から２つ選んで書きなさい。

〔　　　　　　〕〔　　　　　　〕

{ シジミ　　ウニ　　カニ　　タコ　　フナ　　バッタ }

(5) (3)の動物のあしに，節はあるか。　　　　　　　〔　　　　　　〕

得点UP
コーチ

2 (3)Aの動物は，外骨格，または外（がい）とう膜（まく）をもっている。Cの動物の多くは，一生陸上で生活する。

3 (2)無セキツイ動物とは，背骨をもたない動物のこと。　(3)，(4)貝のなかまや，イカ，タコは軟体動物である。

動物の世界

1 セキツイ動物について，次の問いに答え
なさい。　　　　　　(各4点×11　**44**点)

(1) セキツイ動物とは，何を中心とした骨格
をもつ動物のことか。　〔　　　　　〕

(2) 次の①～⑤の特徴をもつ動物を，それぞ
れ右の図から選んで〔　　〕に書きなさい。

また，その特徴をもつ動物は何類とよばれるか，（　　）に書きなさい。

① 子はえらと皮膚で呼吸するが，親は肺と皮膚で呼吸する。

〔　　　　　　〕（　　　　　　　）

② 卵をあたためてかえし，子に食物をあたえて育てる。

〔　　　　　　〕（　　　　　　　）

③ 水中で生活し，一生えらで呼吸する。〔　　　　　〕（　　　　　）

④ 子に乳をあたえて育てる。　　　　〔　　　　　〕（　　　　　）

⑤ 一生肺で呼吸し，からだの表面はうろこでおおわれている。

〔　　　　　　〕（　　　　　　　）

スズメ　　イモリ

カツオ

ウサギ

トカゲ

2 右の表は，セキツイ動物を，いろいろ
な特徴をもとにまとめたものである。次
の問いに答えなさい。(各5点×4　**20**点)

(1) Cにあてはまる動物の分類を答えなさ
い。　　　　〔　　　　　　　〕

(2) ア，イにあてはまる呼吸のしかたを書
きなさい。　　　　　　　　ア〔　　　　〕イ〔　　　　〕

(3) （p）にあてはまることばは，「ある」，「ない」のどちらか。　〔　　　　　〕

特徴／分類	体表	呼吸のしかた	体温	ふやし方
Aホニュウ類	毛	肺	一定である。	親の体内で育った子をうむ。
B鳥　類	羽毛			殻の（p）卵を陸上にうむ。
C	うろこ		一定でない。	
D両生類	しめった皮膚	親:ア子:イ		殻の（q）卵を水中にうむ。
E魚　類	うろこ	えら		

得点UP
コーチ
1 (2)①生活場所が水中から陸上(水辺)へ
移る。⑤一生肺で呼吸するのはホニュ
ウ類，鳥類，ハチュウ類である。

2 (2)アは陸上生活に，イは水中生活に適
した呼吸のしかたである。

3 下の図は，8種類の動物を，いろいろな特徴をもとに，A～Eの5つのグループに分けたものである。次の問いに答えなさい。　　　　　(各6点×4　**24**点)

A						B		
	C						D	
		E						
タコ	エビ	チョウ	フナ	トカゲ		ワシ	クジラ	ウシ

(1) AとBは，なかまのふやし方が卵生のものと胎生(たいせい)のものとに分けている。卵生の動物のグループは，A，Bのどちらか。　　　　　　　　　〔　　　　　　　〕

(2) CとDは，子どもの育て方のちがいで分けている。うまれた子どもに食物(乳)をあたえる動物のグループは，C，Dのどちらか。　　　　　　〔　　　　　　　〕

(3) 節足動物のグループは，A～Eのうちどれか。記号で答えなさい。〔　　　　　　　〕

(4) これらの8種類の動物を，背骨の有無で2つのグループに分けるとすると，その境界線は，どの動物とどの動物の間になるか。

〔　　　　　　　　と　　　　　　　　の間〕

4 右の図の動物について，次の問いに答えなさい。

(各4点×3　**12**点)

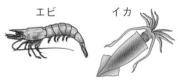
エビ　　　イカ

クモ　　　カブトムシ

(1) エビ，イカ，クモ，カブトムシは，どれも背骨をもっていない。このような動物を何というか。

〔　　　　　　　　　　　〕

(2) からだが殻でおおわれ，あしに節がある動物を何というか。　　　〔　　　　　　　　　　　〕

(3) エビ，イカ，クモ，カブトムシのうち，(2)の動物ではないものはどれか。

〔　　　　　　　　　　　〕

得点UP
コーチ
3 (2)ワシは鳥類，クジラとウシはホニュウ類である。

4 (1)背骨をセキツイという。
(3)あしに節がない動物である。

1 右の図は，2種類のホニュウ類の目のつき方を表している。次の問いに答えなさい。

（各5点×4 **20**点）

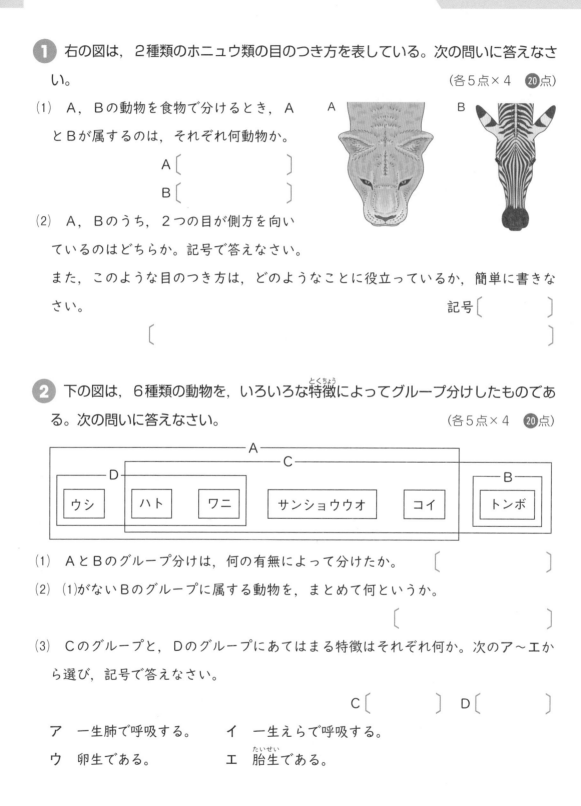

(1) A，Bの動物を食物で分けるとき，AとBが属するのは，それぞれ何動物か。

A〔　　　　　　〕

B〔　　　　　　〕

(2) A，Bのうち，2つの目が側方を向いているのはどちらか。記号で答えなさい。
また，このような目のつき方は，どのようなことに役立っているか，簡単に書きなさい。

記号〔　　　　　〕

〔　　　　　　　　　　　　　　　　　　　　　〕

2 下の図は，6種類の動物を，いろいろな特徴によってグループ分けしたものである。次の問いに答えなさい。

（各5点×4 **20**点）

```
┌──────────── A ────────────────────┐
│   ┌──────── C ──────────────┐              ┌── B ──┐
│ ┌─ D ─┐                                   │         │
│ │ ウシ │ │ ハト │ │ ワニ │ │ サンショウウオ │ │ コイ │  │ トンボ │
│ └─────┘                                   └───────┘
└───────────────────────────────────────┘
```

(1) AとBのグループ分けは，何の有無によって分けたか。　〔　　　　　　〕

(2) (1)がないBのグループに属する動物を，まとめて何というか。

〔　　　　　　　　〕

(3) Cのグループと，Dのグループにあてはまる特徴はそれぞれ何か。次のア〜エから選び，記号で答えなさい。

C〔　　　　〕　D〔　　　　〕

ア　一生肺で呼吸する。　　イ　一生えらで呼吸する。

ウ　卵生である。　　　　　エ　胎生である。

3 下の表は, 10種類の動物を, いろいろな特徴をもとに, 5つのグループに分けた
ものである。次の問いに答えなさい。 （各6点×10 **60**点）

グループ	動物名
A	イルカ, ネズミ
B	イモリ, カエル
C	フナ, イワシ
D	ヘビ, トカゲ
E	ワシ, スズメ

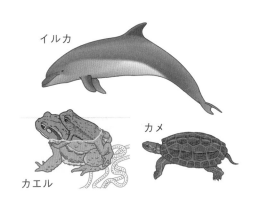

イルカ

カエル

カメ

(1) 次の文の〔 〕にあてはまることばを書きなさい。

　これらの動物は, 〔① 〕を中心とした骨格をもち, 骨格についた
〔② 〕のはたらきで, からだやあしを動かしている。このような動物
を〔③ 〕という。

(2) Aのグループの動物は, 卵をうんでなかまをふやすか, 子をうんでなかまをふや
すか。 〔 〕

(3) Bのグループの動物は, 子のときと親のとき, それぞれどこで呼吸するか。

子〔 〕 親〔 〕

(4) 次の①, ②の特徴をもつ動物はどれか。それぞれの特徴にあてはまる動物を, A
〜Eからすべて選び, 記号で答えなさい。

① からだの表面がうろこでおおわれている。

② 水中に卵をうむ。

①〔 〕 ②〔 〕

(5) カメは, 表のグループ分けにしたがって分類すると, どのグループに入るか。グ
ループの記号と, その動物の分類名を答えなさい。

記号〔 〕 分類名〔 〕

1 地層

① **地層** 色や粒の大きさのちがうれき（小石）・砂・泥などが，層になって重なったもの。地層の広がりは，ボーリング試料を比べることによってわかる。

② **化石** 地層の中に，動物や植物のからだ，動物のすんでいたあとなどが残ったもの。多くは石になっている。

③ **地層のでき方** 地層は，流れる水のはたらきによって運搬されたれき（小石）・砂・泥などが，海や湖の底に層に分かれて堆積してできる。

・れき（小石）・砂・泥が混じったものを水中に流しこむと，粒が大きいものから順に沈むので，粒の大きさによって層ができる。

・火山の噴火により火山灰などが降り積もって層ができることもある。流れる水のはたらきによってできた層にふくまれる粒は，角がとれて丸みをおびているが，火山の噴火などによってできた層にふくまれる粒は，角ばっている。

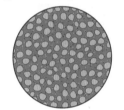

れき，砂，泥の層は，流れる水のはたらきでできる。粒は角がとれて丸みがある。

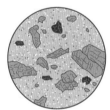

火山灰の層は，火山の噴火によってできる。粒は角ばっている。

④ **地層にふくまれる岩石** 地層にふくまれるれき（小石）・砂・泥などは，長い年月の間に固まって，れき岩，砂岩，泥岩などの岩石になる。

● **れき岩**…れきが，砂などといっしょに固まった岩石。

● **砂岩**…同じくらいの大きさの砂が固まった岩石。

● **泥岩**…泥などが固まった岩石。粒は砂より小さい。

2 火山活動や地震による土地の変化

① **火山の噴火による土地の変化** 火山が噴火すると，火口から溶岩が流れ出たり，火山灰がふき出して積もったりして，土地のようすが変化する。

② **地震による土地の変化** 大きな地震があると断層（地面のずれ）が現れ，土砂くずれが起きたり，地割れができたりして，土地のようすが変化する。

1 右の図は，あるがけに見られたしま模様をスケッチしたものである。次の問いに答えなさい。

(1) Aの層には，れき（小石）と砂などがふくまれていた。

① この層は，流れる水のはたらきと火山の噴火のどちらによってできたか。

〔　　　　　　　　〕

② この層にふくまれている粒は，丸みをおびているか，角ばっているか。 〔　　　　　　　　〕

(2) Bの層にふくまれている粒は，角ばっていた。

① この層は，流れる水のはたらきと火山の噴火のどちらによってできたか。 〔　　　　　　　　〕

② この層にふくまれている粒を，次のア〜エから選び，記号で答えなさい。 〔　　　　　　　〕

ア れき　イ 砂　ウ 泥　エ 火山灰

(3) 化石が見つかることがあるのは，AとBの層のどちらか。

〔　　　　　〕

2 次の災害は，「火山の噴火」と「地震」のどちらによって起きるか。それぞれ書きなさい。

(1) 地割れができる。 〔　　　　　　　　〕

(2) 溶岩が流れ出す。 〔　　　　　　　　〕

(3) 火山灰が降り積もる。 〔　　　　　　　　〕

(4) 断層が現れる。 〔　　　　　　　　〕

思い出そう

◀地層がしま模様に見えるのは，層にふくまれている粒の大きさや色がちがうからである。

◀流れる水のはたらきによって運ばれたれきや砂，泥は，粒の大きさによって海や湖の底に沈む速さにちがいが出るので，粒の大きさのちがいによって層ができる。

◀化石が見られることがあるのは，流れる水のはたらきによってできた層である。

◀溶岩や火山灰は，火山の噴火口から出てくる。

学習の要点

5章 地層と堆積岩 -1

① 地層のでき方

① **地層のでき方** 岩石が風化・侵食される。→流水が運搬し、土砂（れき、砂、泥など）などを湖や海底に堆積。→くり返されて堆積物が層状に積み重なる。→土地の隆起、海水面の低下により、陸上に地層として現れる。
　┗長い間にくずれていくこと。

② **流水のはたらき** 陸地をけずる（侵食）、土砂などを運ぶ（運搬）、運搬してきた土砂などを積もらせる（堆積）。

③ **地層の新旧** 堆積物は上へ積み重なっていくので、ふつう下の層ほど古く、上の層ほど新しい。

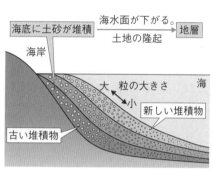

海底に土砂が堆積 → 海水面が下がる。土地の隆起 → 地層
海岸　大 粒の大きさ 小 海
新しい堆積物
古い堆積物

② 断層としゅう曲

① **断層** 横からの大きな力により、地層が切れてできたずれ。

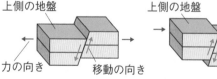

断層の上側の地盤が下がる場合
上側の地盤
力の向き　移動の向き

断層の上側の地盤が上がる場合
上側の地盤

水平方向にずれる場合

② **しゅう曲** 地層に横から大きな力が加わってできる、波を打ったような地層の曲がり。

激しいしゅう曲では地層の新旧が上下
　┗ヒマラヤ、ロッキー山脈はしゅう曲でできた。
逆になることもある。

地層に力が加わりしゅう曲
↓
さらにしゅう曲が進む
↓
新しい地層
古い地層

✦覚えると得✦

地層の観察のしかた

1. 地層全体のようすを観察する。地層の広がりや厚さなど。
2. それぞれの層の色や粒のようす、傾きなどを観察する。
3. 重なり方を調べる。
4. 化石を調べる。
5. 地層の特徴や重なり方を柱状図にしてまとめる。

観察に必要な道具

ハンマー、ルーペ、筆記用具、ノート、地形図、移植ごて、巻き尺、方位磁針、袋、軍手など。

重要 テストに出る

●柱状図

岩石や堆積物のようすを柱状に表した図。地層のつながりなどがわかる。

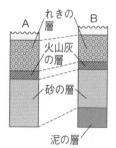

A B
れきの層
火山灰の層
砂の層
泥の層

学習日　　　月　　日

① 地層のでき方について，次の文の〔　　〕にあてはまることばを書きなさい。

《 チェック P.56 ❶ 》

・地表に露出している岩石が，急激な温度変化や流水のはたらきなどで，長い間にしだいにくずれていくことを〔①　　　　　〕という。

・流水には，侵食，運搬，堆積の3つのはたらきがある。

　❶侵食…流水が陸地を〔②　　　　　〕はたらき。

　❷運搬…流水が土砂などを〔③　　　　　〕はたらき。

　❸堆積…土砂などを〔④　　　　　〕はたらき。

・地層は，次の順序でできる。

　❶〔⑤　　　　　〕が運搬してきた土砂などが，湖や海底に堆積する。

　❷❶がくり返され，堆積物が〔⑥　　　　　〕状に積み重なる。

　❸土地の〔⑦　　　　　〕，海水面の〔⑧　　　　　〕により，陸上に地層として現れる。

・堆積物は上へ積み重なっていくので，下の層ほど〔⑨　　　　　〕，上の層ほど〔⑩　　　　　〕。

・岩石や堆積物のようすを柱状に表したものを〔⑪　　　　　〕という。

② 断層としゅう曲について，次の問いに答えなさい。 《 チェック P.56 ❷ 》

(1) 次の文の〔　　〕にあてはまることばを書きなさい。

・地層に横からの大きな力により，地層が切れてできたずれを〔①　　　　　〕という。

・地層に横から大きな力が加わってできる，波を打ったような地層の曲がりを〔②　　　　　〕という。激しい②では，地層の新旧が上下逆になることもある。

(2) 右の図のような地層のようすを何というか。

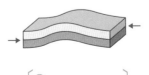

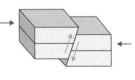

〔③　　　　　〕　　　　〔④　　　　　〕

❸ 堆積岩の特徴

① **堆積岩** 湖や海の底に堆積したれき，砂，泥などが，長い年月の間にかたく固まってできた岩石。

●**特徴**…堆積岩をつくる粒の形は丸みをおびている。また，粒の大きさは，種類によってほぼ一様である。

→ 流水のはたらきで角がけずられていく。

② **堆積岩の種類**

堆積岩の種類	でき方	構成するもの
れき岩	流水のはたらき	れき（直径2mm以上）
砂岩	流水のはたらき	砂（直径2mm〜0.06mm）
泥岩	流水のはたらき	泥（直径0.06mm以下）
凝灰岩	火山の噴出物	火山灰や軽石
石灰岩	生物の死がいなど	貝がらやサンゴなどの炭酸カルシウム
チャート	生物の死がいなど	生物体の二酸化ケイ素

❹ 化石からわかること

① **化石** 地層の中に残されている大昔の生物の死がいや生活のあとなどを，まとめて化石という。

生物の巣，あしあとなど。←

② **示相化石** 地層が堆積した当時の自然環境を知るのに役立つ化石。生きられる環境が限られている生物が適する。

③ **示準化石** 地層が堆積した時代を知るのに役立つ化石。限られた時代に生存し，広い範囲に分布していた生物が適する。

→ 地質年代という。

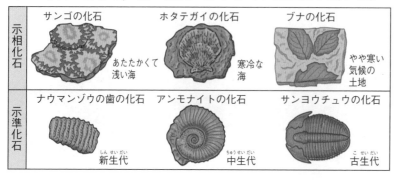

示相化石	サンゴの化石 あたたかくて浅い海	ホタテガイの化石 寒冷な海	ブナの化石 やや寒い気候の土地
示準化石	ナウマンゾウの歯の化石 新生代	アンモナイトの化石 中生代	サンヨウチュウの化石 古生代

基本チェック

左の「学習の要点」を見て答えましょう。

③ 堆積岩について，次の表の〔　〕にあてはまる岩石名を書きなさい。

チェック P.58 ③

堆積岩の種類	特徴
〔①　　〕	直径２mm以上のれきが，その間をうめる砂や泥とともに固められた岩石。
〔②　　〕	おもに直径２mm〜0.06mmの砂がおし固められた岩石。
〔③　　〕	おもに直径0.06mm以下の泥がおし固められた岩石。
〔④　　〕	火山灰や軽石などが堆積してできた岩石。
〔⑤　　〕	貝がらなど，生物体の炭酸カルシウムの部分が堆積した岩石。
〔⑥　　〕	生物体の二酸化ケイ素が堆積した岩石。

④ 化石について，次の文や表の〔　〕にあてはまることばを書きなさい。

チェック P.58 ④

- 化石とは，地層の中に残されている，大昔の生物の〔①　　　〕や，〔②　　　〕（生物の巣やあしあとなど）などである。
- 地層が堆積した当時の自然環境を知るのに役立つ化石を〔③　　　〕という。生きられる環境が〔④　　　〕生物が適する。

③の例	その化石をふくむ地層が堆積した当時の環境
アサリ，ハマグリ	〔⑤　　　〕
サンゴ	〔⑥　　　〕
ブナ	〔⑦　　　〕

- 地層が堆積した時代を知るのに役立つ化石を〔⑧　　　〕という。限られた〔⑨　　　〕に生存し，〔⑩　　　〕範囲に分布していた生物が適する。

⑧の例	その化石をふくむ地層が堆積した時代
ナウマンゾウ	〔⑪　　　〕
アンモナイト，恐竜	〔⑫　　　〕
サンヨウチュウ，フズリナ	〔⑬　　　〕

1 野外に出て，地層の観察を行った。これについて，次の問いに答えなさい。

チェック P.56 ❶（各6点×3　**18点**）

(1) 次のア～クのうち，地層の観察に必要でないものはどれか。2つ選び，記号で答えなさい。　〔　　〕〔　　〕

ア　ハンマー　　　イ　ルーペ　　　　ウ　移植ごて　　　エ　ハサミ

オ　方位磁針　　　カ　筆記用具　　　キ　試験管　　　　ク　地形図

(2) 1つ1つの層と，地層全体のどちらを先に観察するか。　〔　　　　　〕

2 地層をつくっている1つ1つの層は，ほぼ同じ大きさの粒（つぶ）からできている。なぜこのようになるかを調べた。次の問いに答えなさい。

（各6点×2　**12点**）

チェック P.56 ❶

(1) 図1のように，水を入れた大型試験管に，れき，砂，泥（どろ）を入れてかき混ぜた。しばらくすると，どうなるか。図2のア～ウから選び，記号で答えなさい。　〔　　　〕

(2) 図3のように，れき，砂，泥を混ぜ合わせたものを，水とともに流すとどうなるか。図4のカ～ケから選び，記号で答えなさい。　〔　　　〕

図1　れき，砂，泥を入れる。　水

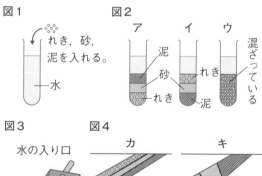

図2　ア　イ　ウ　泥　砂　れき　泥　混ざっている

図3　水の入り口　水の出口

図4

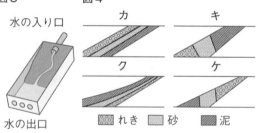

カ　キ　ク　ケ

▫ れき　▫ 砂　▫ 泥

3 地層に横から大きな力がはたらき，地層が切れてずれた状態になることを断層という。また，波を打ったような状態になることをしゅう曲という。次の①～④は，断層としゅう曲のどちらか。

チェック P.56 ❷（各5点×4　**20点**）

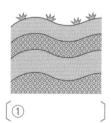
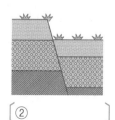

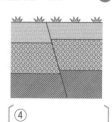

〔① 　　　〕　〔② 　　　〕　〔③ 　　　〕　〔④ 　　　〕

学習日 ┃ 得点

月　　日 ┃　　　点

4 右の図は，ある露頭(ろとう)に見られた地層を観察してスケッチしたものである。これについて，次の問いに答えなさい。

《 チェック P.58 ❹ (各5点×6 **30**点)

(1) Aの砂岩には，小動物のすんでいた穴が見られた。これも化石といえるか，いえないか。

〔　　　　　　　　〕

(2) Bの砂岩には，ホタテガイの化石が見られた。この地層はあたたかい海と寒冷な海のどちらで堆積(たいせき)したといえるか。

〔　　　　　　　　〕

表土

生物のすみかのあと ── A

ホタテガイの化石 ── B

(3) ホタテガイの化石のように，どのような環境(かんきょう)で堆積したかがわかる化石のことを示相化石という。次の生物の化石からわかる当時の環境を，下のア～エから選び，記号で答えなさい。

① アサリ・カキの化石〔　　　　　〕　　② シジミの化石〔　　　　　〕

③ サンゴの化石　　　〔　　　　　〕　　④ ブナの化石　〔　　　　　〕

　ア　淡水(たんすい)の混じる湖や河口付近　　　イ　岸に近い浅い海

　ウ　あたたかくて浅い海　　　　　　　　エ　やや寒い気候の土地

5 その化石をふくむ地層が堆積した時代を推定するのに役立つ化石を，示準化石という。次の生物の化石からわかる時代を，表を参考にして書きなさい。

《 チェック P.58 ❹ (各5点×4 **20**点)

メタセコイアの化石　　　アンモナイトの化石　　　サンヨウチュウの化石　　　ナウマンゾウの化石

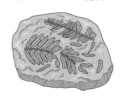　　　

〔　　　　　　〕　　〔　　　　　　〕　　〔　　　　　　〕　　〔　　　　　　〕

古生代	フズリナ，リンボク，サンヨウチュウ
中生代	アンモナイト，モノチス，ティラノサウルス
新生代	メタセコイア，ナウマンゾウ，ビカリア，デスモスチルス

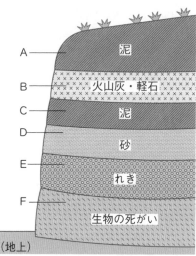

1 海底などに積もった土砂などの堆積物は，長い間におし固められてかたい岩石になっていく。この岩石を堆積岩という。次の問いに答えなさい。ただし，この地域で地層の逆転はないものとする。

（各6点×9　**54**点）

(1) 右の図の地層は，すべて堆積岩でできていた。A〜Fの層で，いちばん年代の古い地層はどれか。記号で答えなさい。　〔　　　　〕

(2) AとCの層は，直径0.06mm以下の粒がおし固められた岩石でできていた。何という岩石か。
〔　　　　〕

(3) Dの層は，直径1mm前後の粒がおし固められた岩石でできていた。何という岩石か。
〔　　　　〕

(4) Eの層は，直径2mm以上の小石と砂がおし固められた岩石でできていた。何という岩石か。
〔　　　　〕

(5) Bの層は，火山活動による噴出物が堆積した岩石でできていた。何という岩石か。　〔　　　　〕

(6) Fの層の岩石にうすい塩酸をかけると，泡が出た。何という岩石か。また，発生した気体は何か。

　　岩石〔　　　　〕　気体〔　　　　〕

(7) Eの層でみられる岩石は，右の図1と図2のどちらか。　〔　　　　〕

(8) (7)で答えた理由を粒の形から説明しなさい。

〔　　　　　　　　　　　　　　　　　〕

図の地層（上からA 泥，B 火山灰・軽石，C 泥，D 砂，E れき，F 生物の死がい，地上）

岩石名	粒の大きさ
れき岩	2mm以上
砂岩	2〜0.06mm
泥岩（でいがん）	0.06mm以下

図1　図2
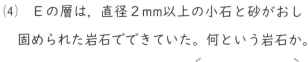

得点UPコーチ

1 (1)地層は，下から上に順に積み重なっていく。　(2)〜(4)表にあてはめて考える。　(6)おもにサンゴや貝などの殻のある生物の死がいが堆積したものである。　(8)れき岩や砂岩などの堆積岩は，流水によって運ばれた粒でできた。

2 地球の歴史の時代区分（地質年代）について，次の問いに答えなさい。

(各5点×5 **25**点)

(1) 地質年代の区分は，示準化石と示相化石のどちらをもとに決められているか。

〔　　　　　　　　　〕

(2) 下の｛　｝の中の地質年代を，古い順に並べなさい。

〔　　　　　　→　　　　　　→　　　　　　〕

｛　中生代　　新生代　　古生代　｝

(3) 次の現象の〔　　〕に，時代の古いものから順に，番号で答えなさい。

① 〔　　　〕サンヨウチュウやフズリナの出現。

② 〔　　　〕デスモスチルスが栄えた。

③ 〔　　　〕海ではアンモナイトが，陸上では恐竜が栄えた。

3 右の図は，いろいろな地層のようすを示したものである。次の問いに答えなさい。

(各7点×3 **21**点)

(1) A～Cの地層のうち，地層のしゅう曲を表しているのはどれか。記号で答えなさい。　〔　　　〕

(2) A～Cの地層のうち，断層を表しているのはどれか。記号で答えなさい。　〔　　　〕

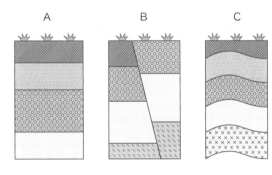

(3) A～Cの地層のうち，大きな力が加わったあとが見られないのはどれか。記号で答えなさい。　〔　　　〕

---

2 サンヨウチュウ…古生代
恐竜…中生代
デスモスチルス…新生代

3 (1)，(2)Bは地層が切れて上下にずれている。Cは地層が波打ったように曲がっている。

1 地層について，次の問いに答えなさい。 （各6点×6 **36**点）

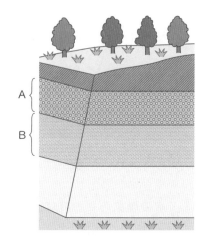

(1) 右の図のような露頭で地層を観察すると，地層をつくる岩石の一部の表面が，ぼろぼろにくずれていた。このように，くずれていく現象を何というか。 〔　　　　　　　〕

(2) Aの地層とBの地層は，どちらが古いものと考えられるか。 〔　　　　　　　〕

(3) Aの地層は，直径1mmほどの砂が固まった岩石でできていた。この岩石を何というか。

〔　　　　　　　〕

(4) Aの地層には，ハマグリの化石がふくまれていた。この地層は，どこで堆積したと考えられるか。 〔　　　　　　　〕

(5) Bの地層は，火山灰などでできていた。このことからどんなことがわかるか。

〔　　　　　　　　　　　　　　　　〕

(6) 海底でできた地層が，陸上で見られるのはどうしてか。

〔　　　　　　　　　　　　　　　　〕

2 流水が海に注ぐところでは，流水によって運ばれた土砂の粒の大きさによって，堆積する場所が異なる。れき・砂・泥は，図のA〜Cのどこに多く堆積すると考えられるか。記号で答えなさい。 （各6点×3 **18**点）

れき〔　　　　〕

砂　〔　　　　〕

泥　〔　　　　〕

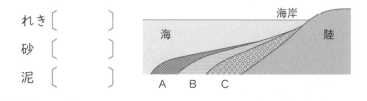

得点UP
コーチ

1 (4)ハマグリは浅い海で生活している。
(6)土地が高くなることを隆起，低くなることを沈降という。

2 粒が重いものから先に沈む。

3 下のア～キの化石について，次の問いに答えなさい。　　　（各6点×5　**30**点）

　　ア　サンゴ　　イ　サンヨウチュウ　　ウ　アンモナイト　　エ　ホタテガイ

　　オ　デスモスチルス　　カ　ブナ　　キ　ナウマンゾウの歯

(1)　その化石をふくむ地層が堆積した当時の環境(かんきょう)を推定するのに役立つ化石を何というか。〔　　　　　　　　　〕

(2)　(1)にあてはまる化石を3つ選び，記号で答えなさい。〔　　　　　　　　　〕

(3)　その化石をふくむ地層が堆積した時代を推定するのに役立つ化石を何というか。

　　　　　　　　　　　　　　　　　　　　　　　　〔　　　　　　　　　〕

(4)　(3)にあてはまる化石を4つ選び，記号で答えなさい。〔　　　　　　　　　〕

(5)　サンゴの化石から，その化石をふくむ地層が堆積した当時，どんな環境だったと推測できるか。〔　　　　　　　　　　　　　　　　　〕

4 断層やしゅう曲について，次の問いに答えなさい。　　　（各8点×2　**16**点）

(1)　断層やしゅう曲は，どのようにしてできるか。次のア～エから正しいものを選び，記号で答えなさい。　　　　　　　　　　　　　　　　〔　　　　〕

　　ア　断層は上下方向の力によってでき，しゅう曲は横方向の力によってできる。

　　イ　断層は横方向の力によってでき，しゅう曲は上下方向の力によってできる。

　　ウ　断層もしゅう曲も上下方向の力によってできる。

　　エ　断層もしゅう曲も横方向の力によってできる。

(2)　ヒマラヤ山脈の地層を調べると，地層が大きく曲がり新旧が上下逆になっているところもあることがわかる。このことから，ヒマラヤ山脈の地層は，断層としゅう曲のどちらによってできたと考えられるか。〔　　　　　　　　　〕

得点UP コーチ　**3** (1), (2)現在もその種が生きている生物の化石である。　(3), (4)現在は絶滅(ぜつめつ)してしまった生物である。　(5)ホタテガ　　イの化石からは，寒冷な海で地層が堆積したことがわかる。サンゴはどんな場所に生活しているかを考える。

6章 火山と火成岩 -1

❶ 火山の活動

① **マグマ**　地下深いところにあって，火山噴出物のもとになる，
　└→地下数十kmのところ。
岩石が高温でとけてできたもの。

② **火山噴出物**　火山が噴火するとき，火山灰や火山ガスをふき
上げたり，高温の**溶岩**が流れ出たりする。高温の溶岩，火山灰
や火山ガスが一体となって，高速で斜面を流れ下る**火砕流**が起
き，大きな被害を出すこともある。

● **火山ガス**…主成分は水蒸気で，ほかに二酸化炭素，二酸化硫
黄などがふくまれている。

● **火山灰**…火山噴出物の中で直径が2mm以下のもの。火山灰
には，マグマが冷えてできた粒がふくまれていて，そのうち
結晶になったものを**鉱物**という。

● **溶岩**…地下のマグマが地表に流れ出たもの。

③ **マグマの上昇と噴火**　地下のマグマが上昇➡マグマ中の水な
どが気体になってマグマが発泡し，地表の岩石をふき飛ばす。
➡溶岩などを地表にふき出す。

④ **マグマの性質と火山の形**　火山の形は，おもに**マグマの性質**
　　　　　　　　　　　　　　　　　　　└→ねばりが強い，弱いなど。
によって決まり，大きく3つに分けられる。

傾斜のゆるやかな火山
ねばりけの弱いマグマの溶岩が広がってできる。溶岩
の色は黒っぽい。おだやかな噴火。（マウナロア）

円すい形の火山
ねばりけが中程度のマグマ
によってできる。（桜島）

もり上がった形の火山
ねばりけの強いマグマの溶岩がもり
上がってできる。溶岩の色は白っぽ
い。爆発的な噴火。（昭和新山）

✦ 覚えると得 ✦

そのほかの火山噴出物

軽石…色が白っぽく
表面がかさかさして
いて，ガスのぬけた
穴が多数ある。

火山れき…溶岩の破
片で火山灰より大き
く形が不規則なもの。

火山弾…ふき飛ばさ
れたマグマが，空中
で固まったもの。

火山ができるところ

日本付近では，太平
洋側のプレートが大
陸側のプレートの下
に沈みこんでいる。
このような場所では，
岩石の一部がとけて
マグマができる。

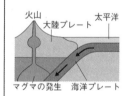

火山活動による恩恵

温泉，地熱発電，
美しい景観など。

左の「学習の要点」を見て答えましょう。

学習日　　　　　月　　　日

① 火山の活動について，次の問いに答えなさい。

チェック P.66 ①

(1) 次の文や表の〔　　〕にあてはまることばを書きなさい。

・地下深くにあって，火山噴出物のもとになる，岩石が高温でとけた物質を〔① 　　　　　〕という。

・火山が〔② 　　　　〕するときは，さまざまな火山噴出物がふき上げられたり，流れ出たりする。

火山噴出物	特徴など
〔③　　　　　〕	噴火のときに出るガス。主成分は水蒸気でほかに二酸化炭素，二酸化硫黄など。
〔④　　　　　〕	直径2mm以下の細かい溶岩の粒。
〔⑤　　　　　〕	地下のマグマが地表に流れ出たもの。
〔⑥　　　　　〕	ふき飛ばされたマグマが，空中で固まったもの。

・火山は，次の順序で噴火すると考えられている。

❶マグマが上昇し，中にふくまれている水などが〔⑦ 　　　　　　〕になってマグマが発泡し，地表の岩石をふき飛ばす。

❷〔⑧ 　　　　　　〕などを地表にふき出す。

・火山の形はおもに〔⑨ 　　　　　〕のねばりけの強さによって決まり，大きく3つに分けられる。

(2) 次の図の〔　　〕にあてはまることばを書きなさい。

傾斜のゆるやかな火山

ねばりけの〔⑩ 　　　　　〕マグマの溶岩が広がる。

円すい形の火山

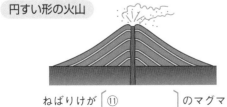

ねばりけが〔⑪ 　　　　　〕のマグマによってできる。

もり上がった形の火山

ねばりけの〔⑫ 　　　　　〕マグマの溶岩がもり上がってできる。

学習の要点

6章 火山と火成岩 -2

② 火山岩と深成岩

① **火成岩** マグマが冷えて固まった岩石で，おもに鉱物からできている。火山岩と深成岩がある。

② **火山岩** マグマが地表あるいは地表付近で，急速に冷やされて固まった岩石。

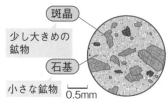

- つくり…火山岩は，非常に小さな鉱物の集まりやガラス質の部分である**石基**の間に，比較的大きな鉱物である**斑晶**が散らばっている。このようなつくりを**斑状組織**という。
- 種類…**流紋岩，安山岩，玄武岩**など。
  └→チョウ石，キ石またはカクセン石より成る。

③ **深成岩** マグマが地下深いところで，長い時間をかけてゆっくり冷えて固まった岩石。

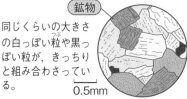

- つくり…火山岩のような石基は見られず，大きな鉱物が組み合わさってすき間なく並んでいる。このようなつくりを**等粒状組織**という。
- 種類…**花こう岩，せん緑岩，斑れい岩**など。
  └→クロウンモ，チョウ石，セキエイの3種類の鉱物より成る。

③ 火成岩をつくる鉱物

① **火成岩をつくる鉱物**

- 無色鉱物…セキエイ，チョウ石
- 有色鉱物…クロウンモ，カクセン石，キ石，カンラン石，その他(磁鉄鉱)

② **火成岩の分類**

- でき方とつくり…火山岩(斑状組織)，深成岩(等粒状組織)

- 鉱物の割合による分類…白っぽい岩石，中間の色の岩石，黒っぽい岩石。
  └→流紋岩，花こう岩　└→安山岩，せん緑岩　└→玄武岩，斑れい岩

重要 テストに出る

火成岩 { 火山岩 / 深成岩 }

- 火山岩 ➡ 斑状組織
- 深成岩 ➡ 等粒状組織

✦ 覚えると得 ✦

白っぽい岩石…無色鉱物のセキエイ，チョウ石を多くふくむ岩石。
中間の色の岩石…チョウ石と有色鉱物のキ石，カクセン石を多くふくむ岩石。
黒っぽい岩石…有色鉱物のキ石，カンラン石を多くふくむ岩石。

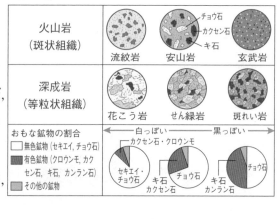

基本チェック

左の「学習の要点」を見て答えましょう。

② 火山岩と深成岩について，次の文や図の〔　　〕にあてはまることばを書きなさい。

チェック P.68 ❷❸

(1) マグマが冷えて固まった岩石を〔①　　　　　〕という。そのでき方とつくりから，〔②　　　　　〕と〔③　　　　　〕の２つに分けられる。

(2) マグマが，地表あるいは地表付近で〔④　　　　〕に冷やされて固まった岩石を〔⑤　　　　　〕という。この岩石は，非常に小さな鉱物の集まりやガラス質の部分である〔⑥　　　　　〕の間に，比較的大きな鉱物である〔⑦　　　　〕が散らばっている。このようなつくりを〔⑧　　　　　〕という。

(3) マグマが地下深いところで長い時間をかけてゆっくり冷えて固まった岩石を〔⑨　　　　　〕という。この岩石には⑥は見られず，大きな鉱物が組み合わさってすき間なく並んでいる。このようなつくりを〔⑩　　　　〕という。

(4) 右の図の〔　〕にあてはまることばを書きなさい。

(5) 火成岩をつくるおもな鉱物で，透明なものや白っぽいものを〔⑮　　　　〕鉱物，黒っぽいものを〔⑯　　　　〕鉱物という。

(6) 下の表の〔　〕にあてはまることばを書きなさい。

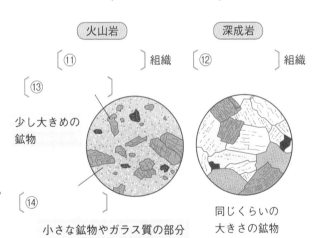

火山岩 　〔⑪　　　　〕組織　　深成岩 　〔⑫　　　　〕組織

〔⑬　　　　〕

少し大きめの鉱物

〔⑭　　　　〕

小さな鉱物やガラス質の部分

同じくらいの大きさの鉱物

おもな岩石	火山岩	流紋岩	〔⑰　　　　〕	〔⑱　　　　〕
	深成岩	〔⑲　　　　〕	〔⑳　　　　〕	斑れい岩
岩石の色		◀━〔㉑　　　〕っぽい━━〔㉒　　　〕っぽい━▶		
鉱物をふくむ割合		セキエイ・チョウ石／カクセン石・クロウンモ	キ石・カクセン石／チョウ石	キ石・カンラン石／チョウ石

単元3 大地の変化

6章 火山と火成岩（かせいがん）

1 火山の噴火（ふんか）と噴出物について，次の問いに答えなさい。 《 チェック P.66 ① 》（各5点×5 **25**点）

(1) 火山の地下には，岩石がどろどろにとけた高温の物質があり，これが火山の噴火を起こすもとになっている。この高温の物質を何というか。

〔　　　　　　　〕

(2) (1)の物質が，地表にふき出してできた山を何というか。 〔　　　　　　　〕

(3) 次の①〜③は，噴火によって地下からふき出された火山噴出物である。

① どろどろにとけた高温の物質が，地表に流れ出たものを何というか。 〔　　　　　　　〕

② 水蒸気を主成分とした気体の噴出物を何というか。 〔　　　　　　　　　　〕

③ このほかの火山噴出物を，3つ書きなさい。

〔　　　　　　　　　　　　　　〕

マグマが地表に噴出し，火山を形成する。

地殻

マントル

マグマが上昇（じょうしょう）

マグマができる

（火山の噴出物）
・高温でとけている➡溶岩（ようがん）
・水蒸気が主成分➡火山ガス
・その他➡火山弾（かざんだん），火山灰，軽石

2 右の図は，2種類の火成岩をルーペで観察したものである。次の問いに答えなさい。 《 チェック P.68 ② 》（各4点×4 **16**点）

(1) 火成岩には火山岩と深成岩がある。深成岩は大きな鉱物だけでできているが，火山岩は，小さな鉱物の集まりと少し大きめの鉱物からできている。図のA，Bは，それぞれどちらか。

A〔　　　　　〕 B〔　　　　　〕

(2) 深成岩のつくりを等粒状組織（とうりゅうじょうそしき），火山岩のつくりを斑状組織という。A，Bのつくりは，それぞれどちらか。

A〔　　　　　　　〕

B〔　　　　　　　〕

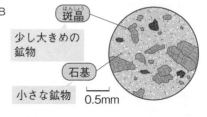

A
同じくらいの大きさの白っぽい粒や黒っぽい粒が，きっちりと組み合わさっている。
鉱物
0.5mm

B
斑晶（はんしょう）
少し大きめの鉱物
石基
小さな鉱物
0.5mm

3 下の表は，火成岩の分類と，火成岩をつくる鉱物を示したものである。次の問いに答えなさい。 《 チェック P.68 ❸ (各5点×9 **45**点)

(1) 表の①，②にあてはまる火成岩は，それぞれ何か。

① [　　　　　　]

② [　　　　　　]

①	流紋岩　安山岩　玄武岩
②	花こう岩　せん緑岩　斑れい岩

おもな鉱物の割合
- □ 無色鉱物(セキエイ, チョウ石)
- ▨ 有色鉱物(クロウンモ,カクセン石, キ石, カンラン石)
- ▧ その他の鉱物

← 白っぽい　　　黒っぽい →

(2) ①のA，Bの部分を何というか。

A [　　　　　　]

B [　　　　　　]

(3) 火成岩にふくまれるおもな鉱物は，無色鉱物2種類と有色鉱物4種類の計6種類である。これらの鉱物の名称を書きなさい。

無色鉱物 [　　　　　　　　　　　　　　　　　]

有色鉱物 [　　　　　　　　　　　　　　　　　]

(4) 花こう岩が白っぽく見えるのは，無色鉱物と有色鉱物のどちらが多くふくまれているからか。 [　　　　　　]

(5) 玄武岩が黒っぽく見えるのは，無色鉱物と有色鉱物のどちらが多くふくまれているるからか。 [　　　　　　]

(6) 安山岩にいちばん多くふくまれている鉱物は何か。 [　　　　　　]

4 マグマのねばりけによって，火山の形は大きく3つに分類される。次の①，②の火山のマグマのねばりけの強さを書きなさい。《 チェック P.66 ❶❹ (各7点×2 **14**点)

例 円すいの形

マグマのねばりけが中程度である。

①もり上がった形

溶岩は白っぽい。

②傾斜のゆるやかな形

溶岩は黒っぽい。

1 火山の噴出物（ふんしゅつぶつ）について，次の問いに答えなさい。

(各6点×5 **30**点)

図1

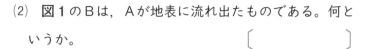

(1) 図1のAは，岩石がどろどろにとけた高温の物質である。何というか。 〔　　　　　〕

(2) 図1のBは，Aが地表に流れ出たものである。何というか。 〔　　　　　〕

図2

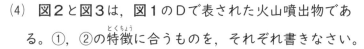

(3) 図1のCは，水蒸気を主成分とした気体である。何というか。 〔　　　　　〕

図3

(4) 図2と図3は，図1のDで表された火山噴出物である。①，②の特徴（とくちょう）に合うものを，それぞれ書きなさい。

① 図2は大きさ2mm以下で，不規則な形をしている。 〔　　　　　〕

② 図3は空中を飛んでいるうちに冷え固まったもので，大きさは5cm以上ある。

〔　　　　　〕

2 マグマの性質と火山の形について，次の問いに答えなさい。 (各6点×3 **18**点)

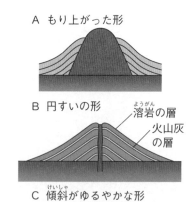

A もり上がった形

B 円すいの形
溶岩（ようがん）の層
火山灰の層

C 傾斜（けいしゃ）がゆるやかな形

(1) Aの火山は，マグマのねばりけがどのようなときにできるか。

〔　　　　　〕

(2) Cの火山は，マグマのねばりけがどのようなときにできるか。

〔　　　　　〕

(3) A～Cの火山のうち，溶岩が流れにくく，爆発的（ばくはつてき）な噴火になることがあるものはどれか。記号で答えなさい。 〔　　　　　〕

得点UP
コーチ

1 (2)流出するときは高温であるが，やがて冷えて固まる。
(4)溶岩がふき上げられ，空中で冷えた

ものが火山弾（かざんだん）である。

2 マグマのねばりけが弱いと溶岩は流れやすく，広い範囲（はんい）に広がる。

3 右の図は，花こう岩と安山岩の表面をルーペで観察したときのスケッチである。
これについて，次の問いに答えなさい。

(各4点×13 **52**点)

(1) 岩石Aの ⓐ や，岩石Bの ⓑ のように，岩石を
つくっている結晶の粒を何というか。

〔　　　　　　　　　　〕

岩石A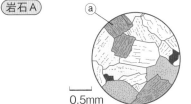

0.5mm

(2) 岩石Bの ⓑ，ⓒ は，何とよばれる部分か。そ
れぞれの名称を答えなさい。

ⓑ〔　　　　　　　〕　ⓒ〔　　　　　　　　〕

(3) 岩石A，Bのつくりを何というか。それぞれ
の名称を答えなさい。

岩石A〔　　　　　　　〕

岩石B〔　　　　　　　〕

岩石B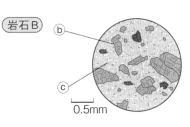

0.5mm

(4) 岩石A，Bのつくりから，それぞれどのような場所で，どのように冷えてできた
と考えられるか。下のア～エから選び，記号で答えなさい。

岩石A…場所〔　　　　〕　冷え方〔　　　　　〕

岩石B…場所〔　　　　〕　冷え方〔　　　　　〕

ア　地下深いところ　　　イ　地表や地表付近

ウ　急速に冷やされた。　エ　長い時間をかけてゆっくり冷やされた。

(5) 岩石A，Bは，それぞれ火山岩，深成岩のどちらか。

岩石A〔　　　　　　　〕

岩石B〔　　　　　　　〕

(6) 岩石A，Bは，それぞれ花こう岩，安山岩のどちらか。

岩石A〔　　　　　　　〕

岩石B〔　　　　　　　〕

 得点UP
コーチ

3 (4)岩石のつくりから，Aは地下深くで
ゆっくり冷やされ，Bは地表付近で急
に冷やされたとわかる。

(6)花こう岩は深成岩，安山岩は火山岩
に分類される。

6章 火山と火成岩(かせいがん)

1 マグマの性質と火山の形について，次の問いに答えなさい。 (各5点×5 **25点**)

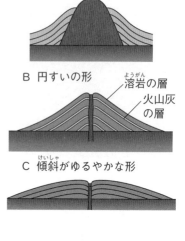

A もり上がった形

B 円すいの形
溶岩(ようがん)の層
火山灰の層

C 傾斜(けいしゃ)がゆるやかな形

(1) 右の図のように，火山の形は，マグマの性質の何によって，3つに分けられるか。

〔 マグマの　　　　　　　　　　　　　〕

(2) 右の図のA〜Cの形の火山の例として最も適当なものを，下の{ }の中から選んで書きなさい。

A〔　　　　　　　　　〕
B〔　　　　　　　　　〕
C〔　　　　　　　　　〕

{ 昭和新山　マウナロア　桜島 }

(3) Aの形の火山とCの形の火山を比べたとき，溶岩の色が白っぽいのは，AとCのどちらか。
〔　　　　　　　　〕

2 火成岩について，次の問いに答えなさい。 (各5点×4 **20点**)

(1) 同じくらいの大きさの鉱物が組み合わさってできている火成岩を何というか。
〔　　　　　　　　〕

(2) 斑状組織(はんじょうそしき)からなる火成岩を何というか。
〔　　　　　　　　〕

(3) 地下深いところで，ゆっくりと冷え固まってできた岩石は，等粒状組織(とうりゅうじょうそしき)と斑状組織のどちらのつくりになるか。
〔　　　　　　　　〕

(4) 火口から流れ出た溶岩が冷えて固まってできた岩石は，火山岩と深成岩のどちらに分類されるか。
〔　　　　　　　　〕

得点UPコーチ

1 (3)傾斜のゆるやかな火山は，マグマのねばりけが弱く，溶岩の色が黒っぽい。もり上がった形の火山は，マグマのね

ばりけが強く，溶岩の色が白っぽい。
2 (3)ゆっくりと時間をかけて冷えると，結晶(けっしょう)の粒(つぶ)は大きく成長する。

3 右の図は，おもな火成岩と，その中にふくまれる鉱物の割合を示したものである。
これについて，次の問いに答えなさい。　　　　　　　　　　　　　(各5点×11　**55**点)

(1) 図のＡ，Ｂにあてはまる
岩石は何か。また，Ａ，Ｂ
の岩石は，それぞれどのよ
うなつくりをしているか。

〈岩石名〉

　　　Ａ〔　　　　　　〕

　　　Ｂ〔　　　　　　〕

〈つくり〉

　　　Ａ〔　　　　　　〕　Ｂ〔　　　　　　　〕

火成岩	А	流紋岩 （りゅうもんがん）	安山岩	玄武岩 （げんぶがん）
	Ｂ	花こう岩	せん緑岩	斑れい岩
岩石の色		← ア ———————————— イ →		
鉱物の割合		セキエイ　チョウ石 クロウンモ　カクセン石　キ石　カンラン石		

(2) 火成岩にふくまれる鉱物には，大きく分けて白っぽい鉱物と黒っぽい鉱物の2種
類がある。それぞれ何というか。　　　　　　　白っぽい鉱物〔　　　　　　　〕

　　　　　　　　　　　　　　　　　　　　　　　黒っぽい鉱物〔　　　　　　　〕

(3) 図中の火成岩をつくっている6種類の鉱物を，白っぽい鉱物と黒っぽい鉱物に分
けて答えなさい。

　　　白っぽい鉱物〔　　　　　　　　　　　　　　　　　　　　　　　　　　〕

　　　黒っぽい鉱物〔　　　　　　　　　　　　　　　　　　　　　　　　　　〕

(4) 図中のア，イで示された岩石の色は，どちらが白っぽく，どちらが黒っぽいか。(両
方できて正答)　　　　　　　　　　　　　ア〔　　　　　　〕　イ〔　　　　　　〕

(5) 図中の火成岩のうち，最も黒っぽい岩石をそれぞれ答えなさい。(両方できて正答)

　　　　　　　　　　　　　　　　　Ａ〔　　　　　　〕　Ｂ〔　　　　　　〕

(6) 図中の火成岩すべてにふくまれている鉱物が1つある。何という鉱物か。

　　　　　　　　　　　　　　　　　　　　　　　　　　〔　　　　　　　〕

---

　3 (1)花こう岩は深成岩，安山岩は火山岩
　　　に分類される。　(2)，(3)セキエイ，
　　　チョウ石は無色鉱物で，その他の4種

類は有色鉱物である。　(4)，(5)有色鉱
物を多くふくむ岩石ほど黒っぽい。
(6)図から読みとる。

❶ ゆれの伝わり方

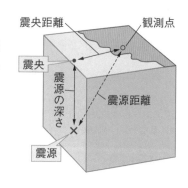

① **震源**　地下で地震が発生した場所。

② **震央**　震源の真上に位置する地表の点。震央は地震
が発生したとき，最もはやく地震の波が伝わる地点で
ある。

③ **震源距離**　震源から観測点までの距離。

④ **震源の深さ**　震源から震央までの距離。

⑤ **震央距離**　震央から観測点までの距離。

⑥ **地震のゆれ**

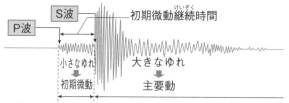

● 地震計の記録

地震のとき震源から，伝わる速さのちがう2つの波が同時に発
生する。ゆれには，初期微動と主要動がある。

● **初期微動**…地震のゆれのうち，はじめの小さなゆれを初期微
動といい，P波が伝わると起こる。
　┗→Primary wave（最初の波）の略，秒速6〜8km

● **主要動**…地震のゆれのうち，初期微動に続いて起こる大きな
ゆれを主要動といい，S波が伝わると起こる。
　┗→Secondary wave（2番目の波）の略，秒速3〜5km

⑦ **地震のゆれの伝わり方**　地震
が発生すると，震源から出た波
はほぼ一定の速さで伝わってい
く。ゆれが始まった時刻の等し
いところを曲線で結ぶと，震央
を中心とする同心円状になる。
震源から遠いほど，ゆれ始めの
時刻はおそくなる。

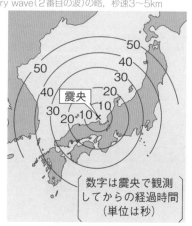

数字は震央で観測
してからの経過時間
（単位は秒）

> ⚠ **ミスに注意**
>
> ★地震の発生した地
> 下の場所が震源，そ
> の真上の位置が震央
> である。

> 重要 **テストに出る** ✏
>
> ● **地震の波**
> P波はS波よりも，
> 伝わる速さが速い。

> ✦ **覚えると** 得 ✦
>
> **地震の波の速さの
> 求め方**
> 波の速さ[km/s]＝
> 震源距離[km]÷要
> した時間[s]

基本チェック

左の「学習の要点」を見て答えましょう。

① 地震について，次の問いに答えなさい。　　　　　　　　　　　チェック P.76 ①

(1) 次の文の〔　　〕にあてはまることばを書きなさい。

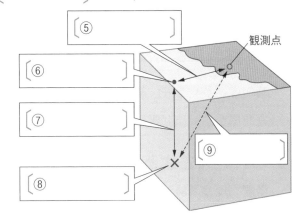

・地下で地震が発生した場所を〔① 　　　　　〕といい，その真上の地表の地点を

〔② 　　　　　〕という。

①から②までの距離が

〔③ 　　　　　〕である。

・①から観測点までの距離を

〔④ 　　　　　〕という。

観測点

〔⑤ 　　　　　〕

〔⑥ 　　　　　〕

〔⑦ 　　　　　〕

〔⑨ 　　　　　〕

(2) 右の図の〔　　〕にあてはまる

ことばを書きなさい。

〔⑧ 　　　　　〕

② 地震のゆれの伝わり方について，次の問いに答えなさい。　　チェック P.76 ①

(1) 次の文の〔　　〕にあてはまることばを書きなさい。

・地震のゆれのうち，はじめの小さなゆれを〔① 　　　　　〕といい，

〔② 　　　　　〕波が伝わると起こる。①に続いて起こる大きなゆれを

〔③ 　　　　　〕といい，〔④ 　　　　　〕波が伝わると起こる。

・地震のゆれが始まった時刻の等しいところを曲線で結ぶと，〔⑤ 　　　　　〕

を中心とする，〔⑥ 　　　　　〕状になる。

・震源から遠いほど，ゆれ始めの時刻は〔⑦ 　　　　　〕なる。

(2) 下の図の〔　　〕にあてはまることばを書きなさい。

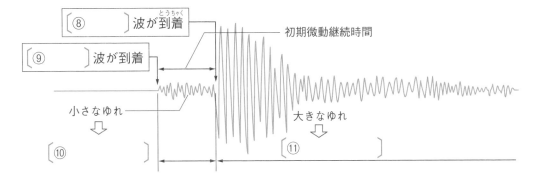

〔⑧ 　　　〕波が到着

〔⑨ 　　　〕波が到着

初期微動継続時間

小さなゆれ

大きなゆれ

〔⑩ 　　　〕

〔⑪ 　　　〕

2 初期微動継続時間と震源距離

① **初期微動継続時間** 速いほうの波（→P波）が到着してからおそいほうの波（→S波）が到着するまでの時間。

● **初期微動継続時間と震源距離…** 初期微動継続時間は震源距離が遠いほど長くなる。初期微動継続時間が短いほど震源は近い。

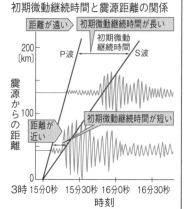

初期微動継続時間と震源距離の関係

距離が遠い｜初期微動継続時間が長い
初期微動継続時間
P波　S波
距離が近い｜初期微動継続時間が短い

震源からの距離〔km〕 200 / 100 / 0

3時15分0秒　15分30秒　16分0秒　16分30秒
時刻

3 ゆれの大きさと地震の規模

① **震度** 地震のゆれの大きさを震度といい，各観測点の震度計を用いて測定する。0～7の10段階に分けられている。
→震度5と6はそれぞれ弱・強に分けられている。

● 震度は，震源から遠くなるにつれて小さくなる。また震源距離が同じでも，地盤のちがいによって異なる。
→やわらかいと震度は大きくなる。

② **マグニチュード** 地震の規模の大小を表すもの。震源距離が同じ場合，マグニチュードの数値が大きいほど震度が大きい。
→1大きいとエネルギーは約32倍。

4 地震の分布と被害

① **日本付近の震源** 日本付近での震源は，日本列島と日本海溝の間に多い。

② **震源の深さ** 日本付近の震源の深さの分布は，**日本海溝から大陸側に向かってしだいに深くなる**傾向が見られる。

③ **地震による被害** 震央付近では，断層が現れたり，土地が隆起したり，沈降したりすることがある。
→大地がもち上がること。
→大地が沈むこと。

また，建物の倒壊や土砂くずれ，津波による被害を受けることもある。

日本海　日本海溝　太平洋　南西諸島海溝　0　300km
（日本付近の震央の分布）

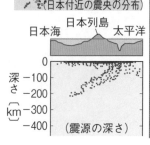

日本海　日本列島　太平洋
深さ〔km〕 0 / -100 / -200 / -300 / -400
（震源の深さ）

✦ 覚えると得 ✦

震源距離と初期微動継続時間の関係

グラフに表すと，次のように，原点を通る直線となる。

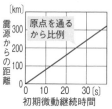

震源からの距離〔km〕 300 / 200 / 100
原点を通るから比例
0　10　20　30〔s〕
初期微動継続時間

このことから，初期微動継続時間がわかれば，震源までのおよその距離がわかる。

地震の原因

地震は，地球表面のプレートに大きな力がはたらき，ひずみができて，岩石などが破壊されてずれるため起きる。日本の太平洋側で起こる地震は，海洋プレートが大陸プレートの下に沈みこむためと考えられている。

基本
チェック

左の「学習の要点」を見て答えましょう。

③ 初期微動継続時間について，次の問いに答えなさい。　《 チェック P.78 ❷

(1) 次の文の〔　〕にあてはまることばを書きなさい。

・地震の，初期微動が始まってか
ら主要動が始まるまでの時間を
〔① 　　　　　　　　〕
という。①は，震源距離が遠い
ほど〔② 　　　　〕なる。

・震源距離と初期微動継続時間と
の関係をグラフに表すと，グラ
フは〔③ 　　　　　　〕を通る
〔④ 　　　　　　〕になる。

(2) 右の図の〔　〕にあてはまるこ
とばを書きなさい。

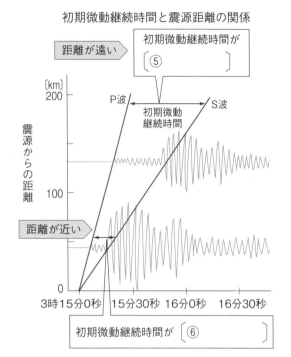

初期微動継続時間と震源距離の関係

距離が遠い

初期微動継続時間が
〔⑤ 　　　　　　〕

P波　　　S波

初期微動
継続時間

距離が近い

3時15分0秒　15分30秒　16分0秒　16分30秒

初期微動継続時間が　〔⑥ 　　　　　　〕

④ 地震について，次の文の〔　〕にあてはまることばや数字を書きなさい。

《 チェック P.78 ❸❹

・地震のゆれの大きさを〔① 　　　　　〕といい，各観測点の〔② 　　　　　　〕
を用いて測定する。①は〔③ 　　　　〕段階に分けられている。

・地震の規模は〔④ 　　　　　　〕で表される。震源距離が同じ場合，④の数
値が大きい地震ほど，震度が〔⑤ 　　　　　〕。

・日本付近での震源は，日本列島と〔⑥ 　　　　　　　〕の間に多い。

・日本付近の震源の深さは，日本海溝から大陸側に向かって，しだいに
〔⑦ 　　　　　　〕なる傾向が見られる。これは，日本の太平洋側では，
〔⑧ 　　　　　　　　　〕が〔⑨ 　　　　　　　　〕の下に沈みこんでい
るためである。

7章 地震 -3

⑤ 地球規模でのプレートの動き

① **プレートの動き** 日本列島付近には、2枚の大陸プレートと2枚の海洋プレートが集まっている。
→海嶺ででてきて広がり海溝に沈みこむ。
プレートの境界では、海洋プレートが他のプレートとぶつかって、地球内部に沈みこんでいる。

② **プレートと地震が起こる仕組み**
● **海溝型地震**（プレート境界型地震）…プレートの境界で起こる地震。

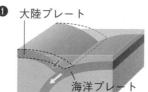

❶海洋プレートが大陸プレートの下に沈みこむと、大陸プレートが海洋プレートに引きずりこまれ、ひずむ。

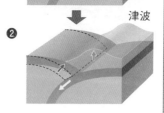

❷大陸プレートのひずみが限界になると、先端がはね上がり地震が起こる。このときに震源付近の海水がもち上がると、津波が起こる。
● **内陸型地震**…大陸プレートの内部で起こる地震。海洋プレートに押されて、地下の岩石が破壊される。断層が生じたり、活断層が再びずれたりして起こる。

⑥ 自然の恵みと災害

① **火山の災害と恵み** 火山灰が降り積もった後に雨が降ると、火山泥流や土石流が起こることがあるが、温泉や美しい風景により、観光地になる。マグマの熱を利用した地熱発電もある。

② **地震の災害と恵み** ゆれによる土砂くずれや地割れ、土地が隆起したり、沈降したりすることがある。また、**液状化現象**が起こったり、海底地震では津波が起こったりする。しかし、沈降によってできた土地が、漁場や良港になることもある。

基本チェック 左の「学習の要点」を見て答えましょう。

⑤ プレートやプレートの動きと地震について，次の文や図の〔　〕にあてはまることばを書きなさい。

チェック P.80 ⑤

・日本列島付近には４枚のプレートが集まっている。図の〔　〕にあてはまるプレートの名称を書きなさい。

〔① 　　　　　　　〕プレート

・プレートの境界で起こる海溝型地震では，〔③ 　　　　　　　　〕が大陸プレートの下に沈みこみ，大陸プレートを引きずりこんでいる。大陸プレートのひずみが限界になると，もとにもどろうとして先端がはね上がり，地震が起こる。

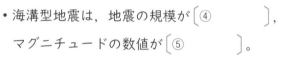

・海溝型地震は，地震の規模が〔④ 　　　　〕，マグニチュードの数値が〔⑤ 　　　　〕。

〔② 　　　　　　　〕プレート

・海溝型地震では，震源付近の海水がもち上がり，〔⑥ 　　　　　　〕を起こすことがある。

・内陸型地震では，〔⑦ 　　　　〕プレートが，〔⑧ 　　　　〕プレートに押される力によって起こり，地下の岩石が破壊されて，大地のずれである〔⑨ 　　　　〕が生じることがある。⑨のうち，今後もずれる可能性のあるものを〔⑩ 　　　　〕という。内陸型地震は，海溝型地震に比べて規模は小さいが，震源の深さが〔⑪ 　　　　〕ので，震度が〔⑫ 　　　　〕なることがある。

⑥ 自然の恵みや火山，地震の災害について，次の文の〔　〕にあてはまることばを書きなさい。

チェック P.80 ⑥

・マグマに熱せられた高温の水蒸気や水を利用した発電を〔① 　　　　〕発電という。

・地震では，土地がもち上がる〔② 　　　　〕や土地が沈む〔③ 　　　　〕が起こることがある。また，急に土地がやわらかくなる〔④ 　　　　〕が起こることもある。

1 地震のゆれの伝わり方について，次の問いに答えなさい。

チェック P.76 ①，P.78 ②
（各5点×10　50点）

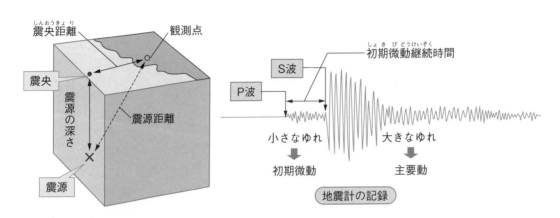

震央距離（しんおうきょり）　観測点

初期微動継続時間（しょきびどうけいぞく）

S波

P波

震央

震源の深さ

震源距離

小さなゆれ　大きなゆれ

震源　×

初期微動　主要動

地震計の記録

(1) 地震のときのゆれ方は，はじめに小さなゆれがあって，その後に大きなゆれがくる。このようなゆれのようすを記録する装置を何というか。

〔　　　　　　　　〕

(2) 地震が発生した場所を何というか。　〔　　　　　　　　〕

(3) 地震が発生した場所の真上の地表の点を何というか。　〔　　　　　　　　〕

(4) 地震のゆれで，はじめの小さなゆれを何というか。　〔　　　　　　　　〕

(5) (4)の後にくる大きなゆれを何というか。　〔　　　　　　　　〕

(6) 地震が起こると震源から，伝わる速さのちがう2つの波が同時に発生する。初期微動と主要動は，伝わる速さが速い波とおそい波のどちらの波によるゆれか。

初期微動〔　　　　　　　〕

主要動〔　　　　　　　〕

(7) 伝わる速さが速い波とおそい波は，それぞれ何とよばれているか。

速い波〔　　　　　　　〕

おそい波〔　　　　　　　〕

(8) 伝わる速さが速い波が到着（とうちゃく）してから，おそい波が到着するまでの時間を何というか。

〔　　　　　　　　　　〕

2 地震のゆれと地震の規模について，次の問いに答えなさい。

≪ **チェック** P.78 ❸ （各5点×3 **15**点）

(1) 各観測点における地震のゆれの大きさを何というか。

〔　　　　　　　　　〕

(2) (1)の数字が大きいほど，ゆれの大きさはどうなるか。

〔　　　　　　　　　〕

(3) ふつう，震央付近と震央から遠く離れ（はな）たところでは，どちらが(1)の数字が大きいと考えられるか。

〔　　　　　　　　　〕

震度	ゆれに対する人の感じ方や屋内のようす
0	人は，ゆれを感じない。
1	屋内にいる人の一部が，わずかなゆれを感じる。
2	屋内にいる人の多くが，ゆれを感じる。ねむっている人の一部が，目をさます。
3	屋内にいる人のほとんどが，ゆれを感じる。ねむっている人の大半が，目をさます。
4	歩いている人のほとんどが，ゆれを感じる。ねむっている人のほとんどが，目をさます。
5弱	多くの人が恐怖を覚え，ものにつかまりたいと感じる。
5強	多くの人が行動に支障を感じる。固定していない家具がたおれることがある。
6弱	立っていることが困難になる。固定していない家具の大半が移動し，たおれるものもある。
6強	立っていることができず，はわないと動くことができない。
7	固定していない家具のほとんどが移動し，飛ぶこともある。

3 日本列島付近で起こる大地震について述べた次の文の〔　〕にあてはまることばを，下の{　}の中から選んで書きなさい。

≪ **チェック** P.80 ❺ （各7点×5 **35**点）

　太平洋の海底で起こる大地震の震源は，日本海溝（かいこう）より〔① 　　　　　　　〕に集中している。これは日本海溝付近で〔② 　　　　　　　〕プレートが〔③ 　　　　　　　〕プレートを引きずりこみながら沈みこんでいる（しず）からである。引きずりこまれたプレートには〔④ 　　　　　　　〕がたまり，④にたえきれなくなると反発して大地震が起こる。このような海底で起こる大地震の場合には，ゆれによる被害（ひがい）のほかに，〔⑤ 　　　　　　　〕が発生して，海岸ぞいの地域で大きな被害が出ることがある。

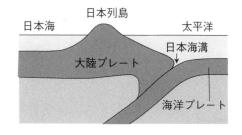

{　大陸側　　太平洋側　　海洋　　大陸　　ひずみ　　海水　　津波（つなみ）　}

1 右の図は，地震（じしん）の発生場所であるＡ地点と，この地震のゆれを観測した地表のＢ，Ｃ，Ｄの３つの地点との位置関係を示したものである。Ｂ地点はＡ地点の真上に位置し，Ｂ，Ｃ，Ｄの３つの地点は，一直線上に並んでいる。これについて，次の問いに答えなさい。

（各5点×6 **30**点）

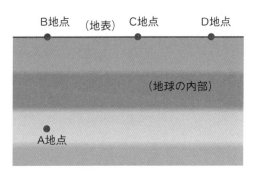

(1) 地震が発生した場所であるＡ地点を何というか。〔　　　　　〕

(2) Ａ地点の真上の地表のＢ地点を何というか。〔　　　　　〕

(3) Ｂ〜Ｄ地点のうち，地震のゆれを観測した時刻が最もはやいのはどこか。

〔　　　　　〕

(4) Ｂ〜Ｄ地点のうち，初期微動（しょきびどう）が続いた時間が最も長いのはどこか。〔　　　　　〕

(5) 地震などにより，大地がもち上がることを何というか。〔　　　　　〕

(6) 地震などにより，大地が沈（しず）むことを何というか。〔　　　　　〕

2 右の図は，ある地震計によって記録された地震のようすである。次の問いに答えなさい。

（各5点×5 **25**点）

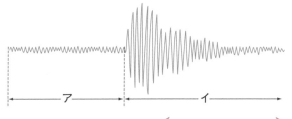

(1) 図のアで示されたはじめの小さなゆれを何というか。〔　　　　　〕

(2) 図のイで示された大きなゆれを何というか。〔　　　　　〕

(3) ア，イのゆれは，何という地震の波によって起こるか。

ア〔　　　　　〕　イ〔　　　　　〕

1 (1)，(2)地震のゆれが発生した場所と，その真上の地表の点のちがいに注意する。　(4)震源から遠いほど，初期微動継続（けいぞく）時間は長くなる。

2 (3)地震の波には，伝わる速さが速い波とおそい波の２つの種類がある。

(4) はじめのゆれが続く時間（アの時間）を何というか。

〔   〕

3 右の表は，12時24分39秒に発生した地震のようすを，A・B・C地点で記録したものである。次の問いに答えなさい。 (各9点×5 **45**点)

(1) A地点での初期微動継続時間は，
(24分54秒)−(24分48秒)＝6秒である。
B，C地点での初期微動継続時間をそれぞれ求めなさい。（両方できて正答）

B地点〔   〕
C地点〔   〕

12時24分39秒に発生			
地点	震源からの距離	P波が到着した時刻	S波が到着した時刻
A	48km	24分48秒	24分54秒
B	80km	24分54秒	25分04秒
C	112km	25分00秒	25分14秒

(2) (1)の結果から，震源からの距離と初期微動継続時間は，どんな関係にあるといえるか。

〔   〕

(3) 地震の波の速さ〔km/s〕＝震源距離[km]÷波が到着するのに要した時間[s]で求められる。⑳にならって，A地点でのS波の速さを，小数第1位まで求めなさい。

⑳（A地点）…P波の速さ＝48km÷（24分48秒−24分39秒）→5.3km/s

〔   〕

(4) P波の速さが5.3km/sだとすると，震源からの距離が200kmの地点では，12時何分何秒にP波が到着すると予想できるか。小数第1位を四捨五入して計算しなさい。

〔   〕

(5) 海底で大地震が起こると，大波となって海岸をおそうことがある。この波を何というか。

〔   〕

 3 (3)グラフにすると，原点を通る直線となる。
(4)S波が，震源からA地点に到着する

までに要した時間は，15秒である。
(5)時間＝距離÷速さ

1 地表付近で発生した地震（じしん）を，図1のX，Y，Zの地点で記録した。表は，各地点のP波の到着（とうちゃく）時刻である。図2は，X地点の地震計の記録を模式的に表したものである。これについて，次の問いに答えなさい。ただし，土地の性質や地下のつくりのちがいなどの影響（えいきょう）はなく，P波，S波の伝わる速さは，それぞれ一定と考える。

（各6点×6　**36**点）

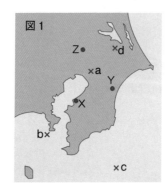

図1

表

	P波の到着時刻
X	午後9時8分20秒
Y	午後9時8分20秒
Z	午後9時8分25秒

（1）地震が発生した場所を震源という。震源の真上の地表の点を何というか。

〔　　　　　　〕

（2）図2の①の部分のゆれを起こす波を何というか。

〔　　　　　　〕

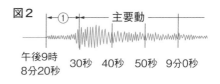

図2　①　主要動
午後9時8分20秒　30秒　40秒　50秒　9分0秒

（3）この地震における，Z地点の地震計の記録を模式的に表したものはどれか。最も適当なものを，図3のア～エから選び，記号で答えなさい。

〔　　　　〕

（4）Y地点とZ地点では，ゆれの大きさはどちらが大きいと考えられるか。

〔　　　　　　〕

（5）Y地点とZ地点では，震源までの距離（きょり）はどちらが遠いと考えられるか。

〔　　　　　　〕

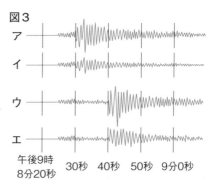

図3
ア
イ
ウ
エ
午後9時8分20秒　30秒　40秒　50秒　9分0秒

（6）この地震の震央として考えられる場所はどこか。最も適当なものを，図1のa～dから選び，記号で答えなさい。

〔　　　　〕

得点UPコーチ

1 (2)初期微動（しょきびどう）はP波によって起こるゆれである。　(3)Z地点はX地点，Y地点より震源から遠いので，初期微動継続（けいぞく）時間が長く，ゆれは小さくなる。　(6)震央は，X地点，Y地点からほぼ同じ距離で，Z地点からはやや遠いところである。

2 右の図は，日本列島付近で発生した，地震の震央の分布とおもな震源の深さを示したものである。図を見て，次の問いに答えなさい。 （各8点×8 **64**点）

（日本付近の震央の分布）

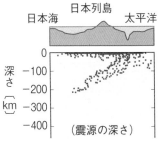
（震源の深さ）

(1) 震央の分布を見ると，太平洋側と日本海側のどちらに多いことがわかるか。 〔　　　　　　　〕

(2) 震源の深さは，太平洋側から日本海側に向かうにつれてどうなっているか。

〔　　　　　　　　　　　　　　〕

(3) 地震の起こる原因について述べた次の文の〔　　〕にあてはまることばを書きなさい。

地震の起こる原因は，地球をおおう

〔①　　　　　　　　　〕の動きで説明できる。

大陸プレートと海洋プレートが接する境界では，〔②　　　　　　　　　〕の下に沈みこむ

〔③　　　　　　　　　〕に，②が引きずりこまれて，その周辺にひずみがたまる。②のひずみが限界になると，先端部がもとにもどろうとして急激にはね上がり，地震が起こる。このように，海溝付近で，プレートがずれることで生じる地震を〔④　　　　　　　　　〕地震という。

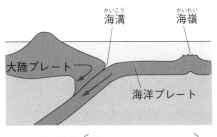

(4) 日本で起こる内陸型地震は，大陸プレートと海洋プレートのどちらのプレートが破壊されて起こる地震か。 〔　　　　　　　〕

(5) 過去にくり返しずれたことがあり，今後もずれる可能性のある断層を何というか。

〔　　　　　　　〕

2 (1)，(2)震源は地震が発生した場所，震央は震源の真上に位置する地点である。震源の深さは，−の数値が大きいほど深いことを示している。

(3)，(4)地震は，プレートの境界やプレートの内部で起こる。

❶ ある岩石の表面をルーペで観察すると，右の図のよ
うに見えた。次の問いに答えなさい。

(各7点×3 **21**点)

チョウ石

セキエイ

クロ
ウンモ

(1) このような岩石のつくりを，何というか。

〔　　　　　　　　　〕

(2) このような岩石のでき方を，下の{　}の中から選んで書きなさい。

〔　　　　　　　　　　　　　　　　　　　〕

{
マグマが地下の深いところで，ゆっくり冷えて固まった。

マグマが地表にふき出して，急に冷えて固まった。

海底に堆積した泥や砂が固まった。
}

(3) この岩石は火成岩のうちの，何に分類されるか。

〔　　　　　　　　〕

❷ 火成岩のつくりについて，次の問いに
答えなさい。　　(各7点×5 **35**点)

図1

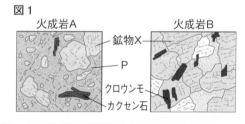
火成岩A　　　　　火成岩B

鉱物X
P
クロウンモ
カクセン石

(1) 図1のPは，小さな鉱物の集まりやガ
ラス質である。この部分を何というか。

〔　　　　　　　〕

(2) 図1で最も多く見られた鉱物Xは何か。

〔　　　　　　　〕

(3) 図2で色が白っぽいのは，アとイのど
ちらか。　　　　　〔　　　　　〕

図2

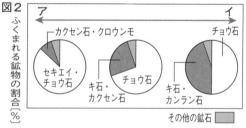
ア　　　　　　　　　　　　イ

ふくまれる鉱物の割合〔％〕

カクセン石・クロウンモ

チョウ石

セキエイ・
チョウ石

キ石・
カクセン石

チョウ石

キ石・
カンラン石

その他の鉱石

(4) 火成岩A，Bは何か。下の{　}の中から選んで書きなさい。

A〔　　　　　　　〕　B〔　　　　　　　〕

{ 安山岩　　　砂岩　　　花こう岩　　　れき岩 }

得点**UP**
コーチ

❶ (2)鉱物の結晶がすき間なく組み合わ
さっていることから考える。　(3)火成
岩は，火山岩と深成岩に分けられる。

❷ (1)比較的大きな鉱物の部分を斑晶とい
う。　(4)砂岩，れき岩は堆積岩である。

3 右の図のＡは，火山灰と溶岩（ようがん）が交互に重なってできた火山，Ｂはあまり溶岩を流出しない急な傾斜（けいしゃ）の火山である。次の問いに答えなさい。　（各6点×4　**24**点）

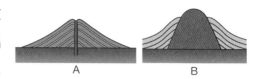

(1)　Ａの火山は，マグマのねばりけが中程度である。Ｂの火山のマグマのねばりけはＡの火山に比べて強いか，弱いか。　〔　　　　　　　〕

(2)　Ａの火山とＢの火山では，火山灰に無色鉱物が多くふくまれているのはどちらか。
　　　　　　　　　　　　　　　　　　　　　　　　　　〔　　　　　　　〕

(3)　マグマのねばりけがちがうのは，その成分がちがうためである。そのため，ねばりけが弱いものと強いものでは，火山の形はどうなっているか。

　　　　　　　　　ねばりけが弱いもの〔　　　　　　　　　　〕
　　　　　　　　　ねばりけが強いもの〔　　　　　　　　　　〕

4 右の図は，ある地層を観察したときのスケッチである。次の問いに答えなさい。　（各5点×4　**20**点）

(1)　火山灰などの噴出物（ふんしゅつぶつ）が堆積し，おし固められた岩石を何というか。　〔　　　　　　　〕

(2)　Ｃ層は，どのような環境（かんきょう）で堆積したと考えられるか。　〔　　　　　　　〕

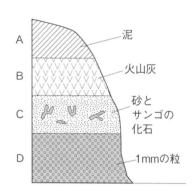

Ａ　泥
Ｂ　火山灰
Ｃ　砂とサンゴの化石
Ｄ　1mmの粒

(3)　海岸から最も遠い海底で堆積したのは，Ａ～Ｄのどの層か。記号で答えなさい。　〔　　　　　　　〕

(4)　Ｄの層を調べたら，粒（つぶ）の大きさが約1mmであった。この堆積物がおし固められてできた岩石を何というか。

　　　　　　　　　　　　　　　　　　　　　　　　　〔　　　　　　　〕

得点UP
コーチ

3　(2)マグマのねばりけが強い火山の噴出物の色は，白っぽい。

4　(2)サンゴは現在，どのような場所で生活しているかを考える。　(3)粒が細かいものほど，遠くまで運ばれて堆積する。

1 化石について，次の問いに答えなさい。

（各5点×4　**20**点）

ホタテガイの化石

ブナの化石

アンモナイトの化石

サンヨウチュウの化石

(1) 地層が堆積した当時，水温の低い海だったことがわかる化石はどれか。

〔　　　　　　　　〕

(2) (1)のように，地層が堆積した当時の自然環境を知るのに役立つ化石を何というか。

〔　　　　　　　　〕

(3) 地層が堆積した時代が中生代とわかる化石はどれか。〔　　　　　　　〕

(4) (3)のように，地層が堆積した時代を知るのに役立つ化石を何というか。

〔　　　　　　　　〕

2 右の表は，ある地震について，観測点A，Bでの初期微動と主要動のゆれはじめの時刻を記録したものである。図は，日本列島の断面図に，震源の分布を表したものである。次の問いに答えなさい。

（各10点×3　**30**点）

表

観測点	震源までの距離	初期微動のゆれはじめの時刻	主要動のゆれはじめの時刻
A	120km	10時49分10秒	10時49分28秒
B	180km	10時49分20秒	10時49分49秒

図
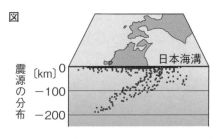

震源の分布

(1) 初期微動を起こす地震の波の速さは何km/sか。〔　　　　　　　〕

(2) この地震の発生時刻を求めなさい。〔　　　　　　　　〕

(3) 震源が海溝から大陸側にむけてしだいに深くなっているのは，ここが何と何の境目になっているからか。〔　　　　　　　　〕

得点UPコーチ

1 (1)化石からわかることがらによって，示相化石と示準化石に分類されている。示準化石は，生存期間が短くて広い範囲に分布していた生物が適する。

2 (1)10秒間に60kmの距離を進んでいる。

❸ 右の図は，ある地震のゆれを震央から離れた3地点A，

B，Cで記録したものである。次の問いに答えなさい。

（各6点×5　**30**点）

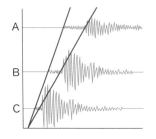

（1）　震源とはどのような場所のことをさすか。

〔　　　　　　　　　　　　　　　　　　　　　〕

（2）　震央は，震源に対してどのような位置にある地点か。

〔　　　　　　　　　　　　　　　　　　　　　　〕

（3）　A～Cの3地点のうち，地震のゆれが最も大きい地点はどこか。〔　　　〕

（4）　A～Cの3地点のうち，震源から最も離れた地点はどこか。〔　　　〕

（5）　マグニチュードの説明を，下の{　}の中から選んで書きなさい。

〔　　　　　　　　　　　　　　　　　　　　　　〕

{
地震の規模の大小を表すもの　　　地震のゆれの大小を表すもの

地震の伝わる速さを表すもの　　　地震のゆれが続いた時間の長さを表すもの
}

❹ 右の図は，地表近くで発生した地震を，震源

から70kmの地点で記録したものである。これ

について，次の問いに答えなさい。

（各5点×4　**20**点）

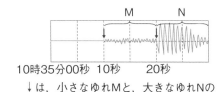

↓は，小さなゆれMと，大きなゆれNの
始まりを表す。

（1）　図の記録で，はじめの小さなゆれMと，後からくる大きなゆれNを起こす地震の

波を，それぞれ何というか。　　　　　　　　M〔　　　　〕N〔　　　　〕

（2）　この地震が発生した時刻は，10時35分00秒である。小さなゆれMと大きなゆれN

を起こすそれぞれの波の速さは何km/sか。小数第1位まで求めなさい。

M〔　　　　　　〕N〔　　　　　　〕

---

❸（1)地震は，地下で発生する。
（2)震央から震源までの距離を，震源の
深さという。

❹（2)震源からの距離÷地震の波が届くま
での時間＝地震の波の伝わる速さ

1 いくつかの場所で野外観察を行い，2種類の岩石A，Bを採取した。そして，それぞれの岩石を割って，ルーペで観察した。下の図は，そのときの結果をまとめたものである。これについて，次の問いに答えなさい。　　　　　　（各7点×5　**35**点）

(1) フズリナの化石がみられる岩石Aをふくむ地層は，堆積(たいせき)した時代がわかる。このような化石を何というか。

〔　　　　　　　　〕

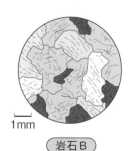

フズリナの化石

1mm

岩石A

1mm

岩石B

(2) フズリナは，古生代，中生代，新生代のどの時代に生存していた生物か。また，同じ時代に生存していた生物を，下の{　}の中から選んで書きなさい。

時代〔　　　　　　　　〕　生物名〔　　　　　　　　〕

{　ナウマンゾウ　　アンモナイト　　サンヨウチュウ　　ビカリア　}

(3) 岩石AとBは，一方が堆積岩で，一方が火成岩である。堆積岩であるのはどちらか。記号で答えなさい。また，堆積岩を，下の{　}の中からすべて選んで書きなさい。

記号〔　　　〕　堆積岩〔　　　　　　　　　　　　　　〕

{　石灰岩　　せん緑岩　　斑(はん)れい岩　　チャート　}

2 下の図の鉱物A〜Cは，火山灰中の鉱物をスケッチし，それぞれの特徴(とくちょう)を示したものである。次の問いに答えなさい。　　　　　　（各7点×2　**14**点）

(1) 鉱物A〜Cのうち，Bは白っぽかった。このような白っぽい鉱物を何というか。

〔　　　　　　　　〕

(2) 鉱物A〜Cのうち，AとCは黒っぽかった。このような黒っぽい鉱物を何というか。　〔　　　　　　　　〕

鉱物A

黒っぽい色で短柱状である。

鉱物B

透明(とうめい)に近い白色で柱状である。

鉱物C

黒っぽい色で長柱状である。

3 次の図は，火成岩Ａ，Ｂをルーペで観察し，スケッチしたものである。火成岩Ａ，Ｂは，安山岩，花こう岩のどちらかである。これについて，次の問いに答えなさい。

（各5点×6　**30**点）

⑴　Ａ，Ｂのような火成岩のつくりをそれぞれ何というか。名称を答えなさい。　Ａ〔　　　　　〕　Ｂ〔　　　　　〕

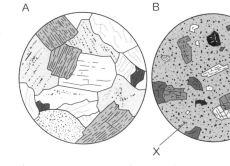

⑵　ＢのＸ，Ｙの部分をそれぞれ何というか。名称を答えなさい。

Ｘ〔　　　　　　　〕　Ｙ〔　　　　　　　〕

⑶　火成岩Ａ，Ｂは，どのようにしてできたか。次のア〜エから選び，記号で答えなさい。(両方できて正答)　Ａ〔　　　〕　Ｂ〔　　　〕

　　ア　マグマが地下深いところで，急に冷やされてできた。

　　イ　マグマが地下深いところで，ゆっくり冷やされてできた。

　　ウ　マグマが地表付近で，急に冷やされてできた。

　　エ　マグマが地表付近で，ゆっくり冷やされてできた。

⑷　火成岩Ａ，Ｂは，安山岩，花こう岩のどちらか。(両方できて正答)

Ａ〔　　　　　　　〕　Ｂ〔　　　　　　　〕

4 右の図は，3種類の火山を形で分けたものである。これについて，次の問いに答えなさい。　（各7点×3　**21**点）

⑴　Ａ〜Ｃの火山のうち，マグマのねばりけが最も強いのはどれか。記号で答えなさい。　　〔　　　　〕

⑵　ねばりけのちがいで火山噴出物の色は異なるか。

　　〔　　　　〕

⑶　Ａ〜Ｃの火山のうち，最もおだやかな噴火をしたと考えられるのはどれか。記号で答えなさい。　〔　　　　〕

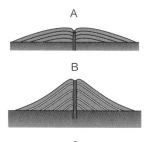
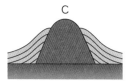

定期テスト 対策 問題(5) ✏

① 図1は，ある地震についての地震計による記録で，A～Cの3つの地点で観測したものである。A，B，Cの地点から震源までの距離は，それぞれ約300km，約180km，約90kmである。図2は，A～Cの地点をふくむ5つの観測点と，その場所でのaのゆれの続く時間を表したものである。次の問いに答えなさい。

(各5点×10 **50**点)

(1) 図1の小さいゆれaと，大きいゆれbをそれぞれ何というか。

a〔　　　　　〕

b〔　　　　　〕

(2) 小さいゆれaと，大きいゆれbを起こす地震の波をそれぞれ何というか。

a〔　　　　　〕

b〔　　　　　〕

(3) 小さいゆれaの続く時間のことを何というか。　〔　　　　　〕

(4) A地点で，小さいゆれaの続く時間は約何秒間か。　〔　　　　　〕

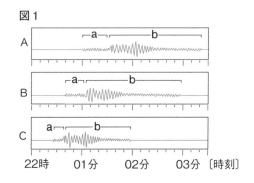

図1

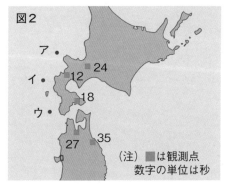

図2
(注) ■は観測点
数字の単位は秒

(5) 図1から，震源からの距離と小さいゆれaの続く時間との関係について，簡単に書きなさい。

〔　　　　　　　　　　　　　　　　　　　　　　　　　　　　　　　〕

(6) 図2の観測点の小さいゆれaの続く時間から推測される震央の位置を，図中のア～ウから選び，記号で答えなさい。　〔　　　〕

(7) マグニチュードと震度は，それぞれ地震の何を表しているか。次のア～エから選び，記号で答えなさい。

マグニチュード〔　　〕　震度〔　　〕

ア　地震の規模　　イ　観測点から震央までの距離

ウ　地震波の速さ　　エ　観測点のゆれの大きさ

2 地震の規模について，次の問いに答えなさい。 　　　　（各5点×2 **10**点）

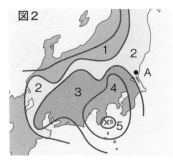

図1　　　　　　　　　　図2

・震央
数字は震度を示す。

(1) 上の**図1**と**図2**は，別々の地震が起きたときの震度の分布を示している。A地点は，2つの地震において震源からの距離はほとんど同じであるが，震度はちがう。このことから，地震の規模はどちらが大きいと考えられるか。

〔　　　　　　　　　〕

(2) (1)より，**図1**と**図2**の地震で，マグニチュードの値が大きいのはどちらか。

〔　　　　　　　　　〕

3 右の図は，ある地点で発生した地震で，初期微動を起こした波と主要動を起こした波とが，震源から進んだ距離とそれに要した時間との関係を表したものである。これについて，次の問いに答えなさい。　　　（各8点×5 **40**点）

(1) この地震が発生した時刻は，およそ何時何分何秒か。　　　〔　　　　　　　　　〕

(2) 初期微動の始まりを示すグラフはどれか。図中のA，Bから選び，記号で答えなさい。　〔　　　〕

(3) この地震の主要動を起こした波の速さは約何km/sか。　　　〔　　　　　　　　　〕

(4) 初期微動継続時間が25秒間の地点は，震源から約何km離れているか。　〔　　　　　　　　　〕

(5) ふつう，震源から250kmの地点Cと400kmの地点Dでは，震度はどちらが小さいか。記号で答えなさい。

〔　　　〕

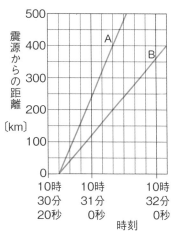

「中学基礎100」アプリ テスト前5科4択 で，スキマ時間にもテスト対策！

問題集　アプリ

日常学習
テスト1週間前
『中学基礎がため100%』
シリーズに取り組む！

定期テスト直前！
テスト必出問題を
「4択問題アプリ」で
チェック！

アプリの特長

『中学基礎がため100%』の
5教科各単元に
それぞれ対応したコンテンツ！
＊ご購入の問題集に対応した
コンテンツのみ使用できます。

テストに出る重要問題を
4択問題でサクサク復習！

間違えた問題は「解きなおし」で，
何度でもチャレンジ。
テストまでに100点にしよう！

＊アプリのダウンロード方法は，本書のカバーそで（表紙を開いたところ），または1ページ目をご参照ください。

中学基礎がため100%

できた！ 中1理科
生命・地球（2分野）

2021年3月　第1版第1刷発行
2023年9月　第1版第3刷発行

発行人／志村直人
発行所／株式会社くもん出版
〒141-8488
東京都品川区東五反田2-10-2　東五反田スクエア11F
☎ 代表　　03(6836)0301
　編集直通　03(6836)0317
　営業直通　03(6836)0305

印刷・製本／株式会社精興社

デザイン／佐藤亜沙美(サトウサンカイ)
カバーイラスト／いつか
本文イラスト／塚越勉・細密画工房(横山伸省)
本文デザイン／岸野祐美(京田クリエーション)

©2021　KUMON PUBLISHING Co.,Ltd. Printed in Japan
ISBN 978-4-7743-3121-8

落丁・乱丁本はおとりかえいたします。
本書を無断で複写・複製・転載・翻訳することは，法律で認められた場合を除き，禁じられています。
購入者以外の第三者による本書のいかなる電子複製も一切認められていませんのでご注意ください。　　　　　CD57518

くもん出版ホームページ　https://www.kumonshuppan.com/

＊本書は『くもんの中学基礎がため100%　中1理科　第2分野編』を
改題し，新しい内容を加えて編集しました。

公文式教室では、
随時入会を受けつけています。

KUMONは、一人ひとりの力に合わせた教材で、
日本を含めた世界60を超える国と地域に「学び」を届けています。
自学自習の学習法で「自分でできた!」の自信を育みます。

公文式独自の教材と、経験豊かな指導者の適切な指導で、
お子さまの学力・能力をさらに伸ばします。

お近くの教室や公文式
についてのお問い合わせは
ミン ナ ニ　ヒャクテン
0120-372-100

受付時間 9:30〜17:30　月〜金（祝日除く）

教室に通えない場合、通信で学習することができます。

公文式通信学習　検索

通信学習についての
詳細は
0120-393-373

受付時間 10:00〜17:00　月〜金(水・祝日除く)

お近くの教室を検索できます　　くもんいくもん　検索　

公文式教室の先生になることに
ついてのお問い合わせは
0120-834-414
くもんの先生　検索　

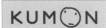　公文教育研究会

公文教育研究会ホームページアドレス
https://www.kumon.ne.jp/

これだけは覚えておこう

中1理科　生命・地球（2分野）

① 花のつくりとはたらき

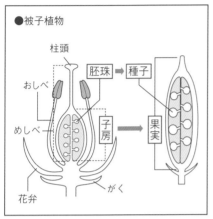

● 被子植物

柱頭
おしべ
胚珠 → 種子
めしべ
子房 → 果実
がく
花弁

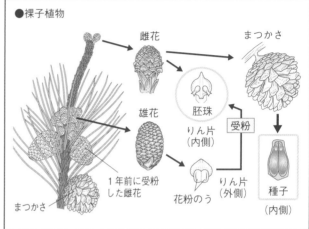

● 裸子植物

雌花　まつかさ
雄花
胚珠
りん片（内側）　受粉
1年前に受粉した雌花
花粉のう　りん片（外側）　種子（内側）
まつかさ

② 植物の分類

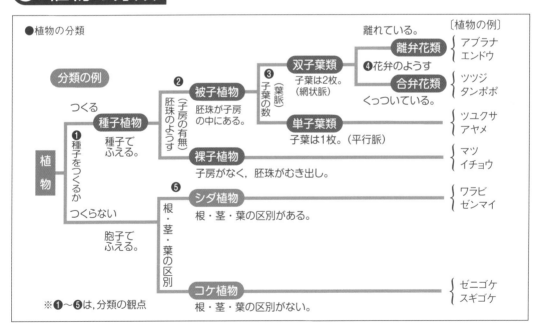

● 植物の分類

〔植物の例〕

離れている。

植物

- ❶ 種子をつくるか
  - つくる　種子植物　種子でふえる。
    - ❷（子房の有無）胚珠のようす
      - 被子植物　胚珠が子房の中にある。
        - ❸（葉脈）子葉の数
          - 双子葉類　子葉は2枚。（網状脈）
            - ❹ 花弁のようす
              - 離弁花類 { アブラナ エンドウ
              - 合弁花類 { ツツジ タンポポ
            くっついている。
          - 単子葉類　子葉は1枚。（平行脈） { ツユクサ アヤメ
      - 裸子植物　子房がなく，胚珠がむき出し。 { マツ イチョウ
  - つくらない　胞子でふえる。
    - ❺ 根・茎・葉の区別
      - シダ植物　根・茎・葉の区別がある。 { ワラビ ゼンマイ
      - コケ植物　根・茎・葉の区別がない。 { ゼニゴケ スギゴケ

分類の例

※❶〜❺は，分類の観点

中学基礎がため100%

できた！ 中1理科

生命・地球（2分野）

別冊解答書
答えと考え方

・答えの後の（　　）は別の答え方です。
・記述式問題の答えは例を示しています。内容が合っていれば正解です。

復習ドリル （小学校で学習した「花のつくりとはたらき」）

1 (1) A

(2) めしべ

(3) めしべ…イ　　おしべ…オ

(4) イ

考え方 (4) 花粉がめしべの先につくと，や
がてめしべの根もとがふくらんで，
実になる。

2 (1) 受粉

(2) B

(3) 受粉すること。
（花粉がめしべにつくこと。）

考え方 (2) Aの雌花は花が開いても，袋が
かぶせられていたので，めしべに花
粉がつかず，実はできない。

単元1 植物の世界
1章 身近な生物の観察

☑ 基本チェック　　　　P.7・P.9

1 ①環境

②よい

③悪く

④下

⑤環境

⑥つくり

⑦スケッチ

⑧ルーペ

⑨双眼実体顕微鏡

⑩顕微鏡

考え方 生物は，それぞれのからだのつくり
や生活のしかたに適した生活環境の
場所に生息している。

2 ①目

②観察するもの

③細い

④かげ

⑤しない

考え方 理科の観察でのスケッチのしかたは，
絵画をかくときのスケッチのしかた
とは異なる。

---

3 (1) ①分類

②共通点

③ある

(2) ①アブラナ

②シイタケ（①②は順不同）

③ワカメ

④イカ（③④は順不同）

⑤アオミドロ

⑥フナ（⑤⑥は順不同）

(3) エ

考え方 生物の特徴の共通点や相違点を比べ
て，グループ分けをすることを分類
するという。

(3) 食べる部分が，キュウリとカボ
チャは実，ホウレンソウとタマネギ
は葉，カリフラワーは花のつぼみ，
ジャガイモは地下の茎，ニンジンと
ダイコンは根である。

🌱 基本ドリル　　　　P.10・11

1 (1) ア…タンポポ，オオバコ

イ…ハルジオン，ハコベ

ウ…ドクダミ，ゼニゴケ

エ…セリ，ウキクサ

(2) ア…ダンゴムシ

イ…カエル

2 ①よい

②悪い

③かわいた

④しめった

考え方 大きな建物の北側は1日中日当たり
が悪く，しめっていることが多い。

3 (1) ①目

②花

(2) ①ルーペ

②顔

考え方 観察するものを動かせるときと，動かせないときで，使い方が異なるので注意する。

4 (1) 鏡筒(接眼レンズ)
(2) 粗動
(3) ①右
②微動
(4) 視度調節リング

考え方 まずは，左右の視野が1つの円に見えるように，鏡筒(接眼レンズ)の間隔を調節し，両目で見て，粗動ねじで，およそのピントを合わせる。次に，右目で見て，微動ねじでピントを合わせ，左目で見て，視度調節リングでピントを合わせる。

5 ①イヌ
②サル(①②は順不同)
③ハト
④モンシロチョウ(③④は順不同)
⑤アブラナ
⑥イチョウ(⑤⑥は順不同)

練習ドリル 🌱 　　　P.12

1 (1) ウ→ア→エ→イ
(2) 記号…B
理由…線を重ねたり，かげをつけたりしているから。
(3) 顕微鏡
(4) ①天気
②気温
(①時刻，②天気も正解)
(5) ③花
④めしべ
⑤柱頭(先)
⑥花粉

発展ドリル 🌱 　　　P.13

1 (1) カ，ケ
(2) ア，エ
(3) キ，ク
(4) オ，コ
(5) イ，ウ

考え方 (3) セリは，水のあまり深くない小川などで見られる。

2 (1) ①タンポポ，オオバコ
②ハルジオン
(2) イ
(3) ナズナは日当たりが悪いところではよく育たないから。

考え方 (1) 人通りが多い場所では，地面がふみ固められて，かわいていることが多い。そのため，根を土の中深くまではる植物でないと生活しづらい。

2章 花のつくりとはたらき

✓ 基本チェック　　　　　　P.15・P.17

①(1)　①柱頭
　　②子房（しぼう）
　　③胚珠（はいしゅ）
　　④花粉
　　⑤やく
　　⑥種子

(2)　⑦めしべ
　　⑧おしべ
　　⑨花弁(花びら)
　　⑩がく
　　⑪柱頭
　　⑫胚珠
　　⑬やく
　　⑭子房

考え方(2)　めしべの先端を柱頭といい，おしべの先端についている袋（ふくろ）を，やくという。小学校で花びらとよんでいたものを，中学校では花弁とよぶ。

②(1)　①合弁花
　　②離弁花（りべんか）

(2)　③おしべ
　　④めしべ
　　⑤子房
　　⑥胚珠
　　⑦めしべ
　　⑧おしべ
　　⑨子房

考え方(1)　花弁がくっついているので「合弁花」，花弁が1枚1枚に離れているので「離弁花」という。

③(1)　①花粉
　　②柱頭
　　③受粉
　　④果実
　　⑤種子

(2)　⑥種子
　　⑦果実

考え方(2)　子房が成長した果実の中に，胚珠が成熟した種子がある。

④(1)　①花弁
　　②子房
　　③胚珠
　　④花粉のう
　　⑤種子
　　⑥子房
　　⑦胚珠

(2)　⑧雌花（めばな）
　　⑨雄花（おばな）
　　⑩胚珠
　　⑪花粉のう

考え方(1)　マツの花には，サクラやアサガオのような花弁はない。雌花と雄花に分かれており，雌花のりん片（べん）には胚珠が，雄花のりん片には花粉のうがある。子房はなく，胚珠はむき出しになっている。

基本ドリル 🌱　　　　　　P.18・19

1(1)　ア…めしべ　　イ…花弁
　　ウ…柱頭　　　エ…やく
　　オ…おしべ　　カ…がく
　　キ…子房　　　ク…胚珠

(2)　①エ
　　②ク
　　③キ
　　④ク

考え方(1)　がくは花弁の外側についている。

2　①種子植物
　　②被子植物（ひし）
　　③裸子植物（らし）

3　①雌花
　　②雄花
　　③1年前
　　④まつかさ

4

⑤種子

⑥りん片^{べん}

⑦胚珠^{はいしゅ}

⑧子房^{しぼう}

考え方 マツやイチョウ，ソテツなどの裸子^{らし}植物は，子房がなく，胚珠がむき出しになっている。まつかさは，前年までにできた雌花^{めばな}である。

練習ドリル 🌱　P.20・21

1 (1) ①やく

②花粉

(2) ①花粉

②昆虫^{こんちゅう}

③柱頭

(3) ①子房

②胚珠

考え方 (2) 花粉は，花のみつを集めにきた昆虫のからだについたり，風にとばされたりして，柱頭へ運ばれる。

2 (1) ア…胚珠

イ…子房

オ…果実

カ…種子

(2) オ…イ

カ…ア

考え方 エンドウの「さや」とよばれる部分は，果実である。

3 (1) B

(2) 胚珠

(3) スギ

考え方 (2) 胚珠は，被子植物の花にも裸子植物の花にもあるが，子房は被子植物の花だけにある。

4 (1) ア…花粉のう

イ…胚珠

(2) 種子

(3) 果実

(4) A…雄花^{おばな}

B…雌花

考え方 (1) アは雄花の花粉のうで，中には花粉が入っている。

発展ドリル 🌱　P.22・23

1 (1) ア…がく

イ…おしべ

ウ…めしべ

(2) ①A…6本，B…10本，C…10本

②A…1本，B…1本，C…1本

(3) A…アブラナ

B…エンドウ

C…ツツジ

(4) アサガオ

考え方 (2)，(3) Aは花弁が4枚で黄色だからアブラナ，Bは花弁の形からエンドウ，Cは花弁が1枚にくっついているからツツジである。エンドウのおしべは，もとがくっついているが，10本ある。

(4) Cの花のように花弁が1枚にくっついている花を，合弁花という。

2 (1) サクラ

(2) a…子房　　b…果実

(3) やく

(4) 記号…ア，名前…おしべ

記号…イ，名前…めしべ

考え方 (4) 種子ができるためには，おしべのやくでつくられた花粉が，めしべの柱頭につくこと(受粉)が必要である。

3 (1) ア

(2) 記号…オ　　名前…子房

(3) 胚珠

考え方 ふつう「タンポポの花」とよばれているのは，小さな花の集まりである。タンポポの1つの花は，問題の図のような形をしており，合弁花である。

3章 植物の分類

☑ 基本チェック　　　　　P.25・P.27

①
(1) ①種子植物
②被子植物
③子葉
④双子葉類
⑤主根と側根
⑥網状脈
⑦単子葉類
⑧ひげ根
⑨平行脈
⑩合弁花類
⑪離弁花類

(2) ⑫胚珠
⑬子房
⑭子房
⑮胚珠
⑯2
⑰1
⑱主根
⑲ひげ根
⑳網状脈
㉑平行脈

考え方 (1) 被子植物と裸子植物は，子房の有無で分ける。双子葉類と単子葉類は，子葉の数，葉脈や根によって区別する。

---

②
①しめっ
②あり
③緑色
④胞子
⑤胞子のう

考え方 シダ植物は種子をつくらず，胞子でなかまをふやす。

③
①ない
②雌株
③雄株(②③は順不同)

④胞子

考え方 コケ植物は，根・茎・葉の区別がない。根のように見えるものは仮根とよばれるもので，おもにからだを地面などに固定する役目をしている。

④
①種子植物
②被子植物
③裸子植物
④シダ植物
⑤コケ植物
⑥双子葉類
⑦単子葉類
⑧離弁花類
⑨合弁花類

考え方 植物は，なかまのふやし方やからだのつくりのちがいによって分類される。

基本ドリル 🌱　　　　　P.28・29

1
(1) 種子
(2) ①子房
②裸子
③被子
(3) ①単子葉
②双子葉
③花弁
④合弁花

考え方 (3) 被子植物は，子葉が1枚の単子葉類と，子葉が2枚の双子葉類に分けられる。

2
(1) ①根
②葉(①②は順不同)
(2) ①胞子
②胞子のう

3
(1) 胞子
(2) ウ
(3) ①いない
②○

4 (1) ア，オ

(2) イ，エ

考え方 花がさくことは，種子植物に共通の特徴である。

練習ドリル 🌱 P.30

1 (1) A…ウ

B…エ

C，D…ア，イ（順不同）

(2) ⓐ…2　　ⓑ…1

(3) 離弁花類

(4) ⓐ…アブラナ，サクラ，ツツジ

ⓘ…イネ，トウモロコシ，ユリ

ⓤ…スギ，イチョウ，マツ

発展ドリル 🌿 P.31

1 (1) シダ植物

(2) 茎

(3) E…胞子のう

F…胞子

(4) イ

2 (1) ①イ

②ア

③エ

(2) B…スギナ

D…イネ

考え方 (2) Aはコケ植物，Bはシダ植物，Cは裸子植物，Dは被子植物である。ソテツは裸子植物なので，Cのグループである。

まとめのドリル P.32・33

1 (1) ケ

(2) オ

(3) 記号…ア

名前…子房

(4) 記号…オ

名前…胚珠

(5) A

(6) ①ない。

②ない。

③できない。

(7) 子房

(8) マツ…裸子植物

アブラナ…被子植物

考え方 (7) コはエンドウのさやである。エンドウのさやは，子房が成熟してできた果実である。

(8) マツは裸子植物なので子房はなく，受粉後も果実はできない。

2 (1) ①種子植物

②被子植物

③単子葉類

④双子葉類

⑤合弁花類

⑥離弁花類

⑦裸子植物

(2) a…トウモロコシ

b…アサガオ

c…エンドウ

d…マツ

(3) A…③　　B…④　　C…④

(4) d

(5) 胞子

考え方 (3) Aは平行脈で，単子葉類にみられる葉脈であり，Bは網状脈で，双子葉類にみられる葉脈である。また，Cは主根と側根からなる双子葉類の根である。根がひげ根なのは，単子葉類の特徴である。

(4) 裸子植物は種子でなかまをふやすが，子房がないので果実はできない。

7

定期テスト対策問題(1) P.34・35

1 (1) A…タンポポ

B…マツ

C…サクラ

(2) 記号…カ

名前…めしべ

(3) イ…子房(しぼう)　ウ…雄花(おばな)

考え方 (2), (3) Aで，アはめしべ，イは子房である。Cで，エは花弁，オはおしべ，カはめしべである。

2 (1) 図1…F

図2…イ

(2) 記号…C

名前…子房

(3) 裸子(らし)植物

(4) ソテツ，イチョウ

考え方 (3), (4) マツやソテツ，イチョウなどの裸子植物には子房がなく，胚珠(はいしゅ)がむき出しになっている。

3 (1) A…キ

B…ア

C…エ

D…オ

E…ウ

F…イ

G…カ

(2) 被子(ひし)植物

考え方 (2) ツツジ，エンドウ，ユリはいずれも被子植物，スギは裸子植物である。

4 (1) 図1…トウモロコシ

図2…サクラ

(2) ひげ根

(3) 網状脈(もうじょうみゃく)

(4) 図1…単子葉類

図2…双子葉類(そうしよう)

考え方 (2), (3) 図1の葉の葉脈は平行脈，図2の根は主根と側根からなる。

定期テスト対策問題(2) P.36・37

1 ①オ

②ウ

③ア

④イ

⑤カ

⑥エ

2 (1) ア…果実

イ…種子

(2) 被子植物

考え方 (2) 果実は子房が成熟したものなので，被子植物にしかできない。

3 (1) ア…やく

イ…おしべ

ウ…花弁

エ…柱頭

オ…胚珠

カ…子房

(2) ア

(3) オ

考え方 (2) 花粉は，おしべの先端(せんたん)のやくの中でつくられる。

4 (1) シダ植物

(2) ①被子植物

②果実

③胚珠

(3) 胞子(ほうし)

(4) D

考え方 (4) シダ植物は，種子植物ほど発達したものではないが，根・茎(くき)・葉の区別がある。

5 (1) ウ

(2) b

(3) ツユクサ

(4) ①E

②B

復習ドリル （小学校で学習した「昆虫のからだ」） P.39

1 ア，イ，エ

2 (1) ①頭部
②胸部
③腹部
(2) どこに…胸部
何本…6本
(3) ア

考え方 (3) チョウもバッタもトンボと同じ昆虫なので，基本的なからだのつくりは同じである。

単元2 動物の世界

4章 動物のからだのつくり

☑ 基本チェック P.41・P.43

1 (1) セキツイ動物
(2) ①ハチュウ類
②魚類
③鳥類
④ホニュウ類
⑤両生類
(3) ①胎生
②卵生
(4) ①草食動物
②肉食動物

---

2 (1) 無セキツイ動物
(2) 節足動物
(3) 外骨格
(4) 軟体動物
(5) 外とう膜

3 ①胎生
②肺
③ハチュウ類
④えらと皮膚
⑤魚類
⑥軟体動物

考え方 ①親が卵をうんで，卵から子がかえるふやし方を卵生，ある程度母親の体内で育ってから子がうまれるふやし方を胎生という。
②③ホニュウ類，鳥類，ハチュウ類は，一生肺で呼吸する。

基本ドリル ❦ P.44・45

1 ①ホニュウ類
②両生類
③魚類
④鳥類
⑤ハチュウ類

考え方 それぞれの動物のなかまのふやし方やからだの表面のようすを，図から読みとって答える。

2 (1) 記号…B
ふやし方…胎生
(2) C
(3) 両生類
(4) B…クジラ
D…ヘビ

考え方 Aは鳥類，Bはホニュウ類，Cは魚類，Dはハチュウ類，Eは両生類である。
(4) クジラは海で生活するが，ホニュウ類である。

3 (1) 無セキツイ動物
(2) イカ，クモ，エビ，マイマイ
(3) 外とう膜

考え方 イカ，マイマイは軟体動物，クモ，エビは節足動物である。

4 (1) ない。
(2) 節がある。
(3) 筋肉
(4) 卵
(5) トンボ
(6) 昆虫類
(7) 甲殻類

4 (1) 触角
(2) イ，ウ
(3) 外骨格

練習ドリル 🌱 　　　　P.46・47

1 (1) 胎生
(2) ア
(3) ホニュウ類
(4) 胎生
(5) 肺で呼吸する。

考え方 (1) イルカは海の中で生活し，から
だの形は魚に似ているが，ホニュウ
類で，胎生であることに注意する。
(2) ホニュウ類は，うまれた子ども
に，はじめ乳をあたえて育て，自分
でえさをとれるようになるまでは，
保護しながら育てる。クジラやアザ
ラシも同じである。
(3) からだの表面が毛でおおわれて
いるセキツイ動物は，ホニュウ類で
ある。
(5) イルカもコウモリもホニュウ類
なので，一生肺で呼吸する。

2 (1) イ
(2) ①E
②A
③G

考え方 Aは軟体動物，Bは節足動物，Cは
魚類，Dは両生類，Eはハチュウ類，
Fは鳥類，Gはホニュウ類である。
(1) 無セキツイ動物は，AとBであ
る。

3 (1) ①肉食動物　　②草食動物
(2) 草食動物
(3) ウマ，ウサギ

考え方 (1), (2) 草食動物の目は横向きにつ
いているため，広い範囲を見わたす
ことができる。肉食動物の目は前向
きについているので，距離が正確に
つかめ，えものをつかまえやすい。

発展ドリル 🌱 　　　　P.48・49

1 (1) 背骨
(2) セキツイ動物
(3) 無セキツイ動物
(4) ヘビ…A
ミミズ…B
(5) イモリ
(6) イモリ，カツオ，カメ，ハト
(7) カニ

考え方 (2) ウサギはホニュウ類，イモリは
両生類，カツオは魚類，カメはハチュ
ウ類，ハトは鳥類で，いずれもセキ
ツイ動物である。
(3) マイマイ，カニには背骨がない。

2 (1) 両生類
(2) ア…チョウ
イ…キツネ
(3) A…背骨がない。
B…変温動物である。
C…一生肺で呼吸する。

考え方 (2) アサリは軟体動物，ツバメは鳥
類，カツオは魚類，カエルは両生類
である。
(3) 無セキツイ動物と魚類，両生類，
ハチュウ類は，外界の温度によって，
体温が変化する変温動物である。鳥
類とホニュウ類は，外界の温度が変
化しても，体温を一定に保つ恒温動
物である。

3 (1) 海
(2) ない。
(3) 軟体動物
(4) シジミ，タコ
(5) ない。

考え方 (2) クラゲやヒトデに背骨はなく，
無セキツイ動物である。

1 (1)　背骨
　 (2)　①イモリ，両生類
　　　　②スズメ，鳥類
　　　　③カツオ，魚類
　　　　④ウサギ，ホニュウ類
　　　　⑤トカゲ，ハチュウ類
　考え方 (2)　①両生類は，子どもの間は水中で生活し，おとなになると陸上で生活するので，呼吸のしかたがえらと皮膚（ひふ）から肺と皮膚へ変わる。
　　②卵をあたためるのは，鳥類である。
　　③一生えらで呼吸するセキツイ動物は，魚類である。
　　④子に乳をあたえるのは，ホニュウ類である。
　　⑤一生肺で呼吸するのは，ホニュウ類，鳥類，ハチュウ類であるが，このうち，からだの表面がうろこでおおわれているのは，ハチュウ類である。

2 (1)　ハチュウ類
　 (2)　ア…肺と皮膚
　　　　イ…えらと皮膚
　 (3)　ある

3 (1)　A
　 (2)　D
　 (3)　E
　 (4)　チョウとフナの間
　考え方 (3)　節足動物は，からだにかたい殻（から）があり，あしに節がある動物である。
　　(4)　軟体（なんたい）動物と節足動物は，背骨をもたない無セキツイ動物である。

4 (1)　無セキツイ動物
　 (2)　節足動物
　 (3)　イカ
　考え方 (3)　イカは，節のあるあしや，からだをおおう外骨格をもたない軟体動物で，内臓は外（がい）とう膜（まく）でおおわれている。

1 (1)　A…肉食動物
　　　　B…草食動物
　 (2)　記号…B
　　　　視野が広く，まわりを警戒（けいかい）しやすい。
　考え方 (1)　Aの目は前向きについていることから，肉食動物であることがわかる。

2 (1)　背骨
　 (2)　無セキツイ動物
　 (3)　C…ウ
　　　　D…ア
　考え方 (1)，(2)　昆虫（こんちゅう）は無セキツイ動物である。

3 (1)　①背骨
　　　　②筋肉
　　　　③セキツイ動物
　 (2)　子をうんでなかまをふやす。
　 (3)　子…えらと皮膚
　　　　親…肺と皮膚
　 (4)　①C，D
　　　　②B，C
　 (5)　記号…D
　　　　分類名…ハチュウ類
　考え方 (4)　①からだの表面がうろこでおおわれているのは，魚類，ハチュウ類である。
　　②水中に卵をうむのは，両生類，魚類である。

復習ドリル （小学校で学習した「大地のつくり」） P.55

1 (1) ①流れる水のはたらき
②丸みをおびている。

(2) ①火山の噴火
②エ

(3) A

考え方 (1) 流れる水のはたらきによって運ばれた粒は，途中でぶつかり合って角がとれ，全体に丸みをおびてくる。

2 (1) 地震

(2) 火山の噴火

(3) 火山の噴火

(4) 地震

考え方 (4) 断層は，大地に大きな力が加わったときにできる。

単元3 大地の変化
5章 地層と堆積岩

☑ 基本チェック P.57・P.59

1 ①風化

②けずる

③運ぶ

④積もらせる

⑤流水

⑥層

⑦隆起

⑧低下

⑨古く

⑩新しい

⑪柱状図

考え方 大地に大きな力が加わると，海底だった土地が隆起して，地上に現れることがある。

2 (1) ①断層

②しゅう曲

(2) ③しゅう曲

④断層

考え方 断層には，地層が上下にずれたものや，左右にずれたものなどがある。

---

3 ①れき岩

②砂岩

③泥岩

④凝灰岩

⑤石灰岩

⑥チャート

考え方 れき岩，砂岩，泥岩は，ふくまれている粒の大きさによって分類されている。

4 ①死がい

②生活のあと

③示相化石

④限られている

⑤浅い海

⑥あたたかくて浅い海

⑦やや寒い気候の土地

⑧示準化石

⑨時代(期間，時期)

⑩広い

⑪新生代

⑫中生代

⑬古生代

考え方 アサリやハマグリは浅い海にしかいないので，それらの化石が見つかった地層は，浅い海で堆積したことがわかる。

1 (1)　エ，キ

(2)　地層全体

考え方 (2)　地層の観察を行うときは，まず
地層全体のようすを観察してから，
それぞれの層をくわしく調べる。

2 (1)　ア

(2)　ク

考え方 (2)　れきは粒が大きくて重いので，
先に沈む。泥は粒が小さくて軽いの
で，遠くまで運ばれる。

3 ①しゅう曲

②断層

③しゅう曲

④断層

考え方 しゅう曲は地層が大きな力を受けて
曲がったもの，断層は地層がずれた
ものである。

4 (1)　いえる。

(2)　寒冷な海

(3)　①イ

②ア

③ウ

④エ

考え方 (1)　化石には，生物の死がいのほか，
ふんや，生活のあとなどもある。

5 メタセコイアの化石…**新生代**

アンモナイトの化石…**中生代**

サンヨウチュウの化石…**古生代**

ナウマンゾウの化石…**新生代**

考え方 示準化石には，限られた時代に広い
範囲に生存していた生物の化石が適
している。

1 (1)　F

(2)　泥岩

(3)　砂岩

(4)　れき岩

(5)　凝灰岩

(6)　岩石…石灰岩

気体…二酸化炭素

(7)　図1

(8)　図1は，岩石をつくる粒の形が丸み
をおびているから。

考え方 (6)　生物の死がいなどがもとになっ
ている堆積岩には，石灰岩とチャー
トがあるが，うすい塩酸をかけたと
きに泡が出るのは石灰岩で，二酸化
炭素が発生する。

2 (1)　示準化石

(2)　古生代→中生代→新生代

(3)　①1

②3

②2

考え方 (3)　サンヨウチュウの出現は古生代，
デスモスチルスの繁栄は新生代，恐
竜の出現は中生代である。

3 (1)　C

(2)　B

(3)　A

考え方 (3)　断層やしゅう曲は，地層に大き
な力が加わって生じる。地層がほぼ
平行で途切れていないのは，力を受
けていないからだと考えられる。

1 (1) 風化

(2) Ｂの地層

(3) 砂岩

(4) 浅い海

(5) Ｂの地層が堆積(たいせき)した当時，火山の活動(噴火(ふんか))があったこと。

(6) 土地が隆起(りゅうき)したり，海水面が低下したりしたから。

考え方▶(2) ふつう下にある地層のほうが古い。

2 れき…Ｃ

砂…Ｂ

泥(どろ)…Ａ

考え方▶ 粒(つぶ)が小さく，軽いものほど，遠くまで運ばれる。

3 (1) 示相化石

(2) ア，エ，カ

(3) 示準化石

(4) イ，ウ，オ，キ

(5) あたたかくて浅い海

考え方▶(5) サンゴは，あたたかくて浅い海にしか見られない。

4 (1) エ

(2) しゅう曲

考え方▶(2) ヒマラヤ山脈は，もとは海底で堆積した土地が，大きな力を受けて曲げられ(しゅう曲)，隆起してできたものであることがわかっている。山頂付近の地層から，海の生物の化石が見つかることもある。

☑ **基本チェック**　　　　　　P.67・P.69

① (1) ①マグマ

②噴火

③火山ガス

④火山灰

⑤溶岩(ようがん)

⑥火山弾(かざんだん)

⑦気体

⑧溶岩

⑨マグマ

(2) ⑩弱い(小さい)

⑪中程度

⑫強い(大きい)

考え方▶(1) 地下深くにある岩石の一部が，高温でどろどろにとけたものをマグマといい，マグマが地表に流れ出したものを溶岩という。

② (1) ①火成岩

②火山岩

③深成岩

(②③は順不同)

(2) ④急速

⑤火山岩

⑥石基

⑦斑晶(はんしょう)

⑧斑状組織

(3) ⑨深成岩

⑩等粒状組織(とうりゅうじょうそしき)

(4) ⑪斑状

⑫等粒状

⑬斑晶

⑭石基

(5) ⑮無色

⑯有色

(6) ⑰安山岩

⑱玄武岩(げんぶがん)

⑲花こう岩

⑳せん緑岩

㉑白

㉒黒

考え方(6) 白っぽい鉱物を無色鉱物，黒っぽい鉱物を有色鉱物という。火成岩は，ふくまれている鉱物の種類と量，岩石のでき方のちがいによって分類される。

基本ドリル 🌱　　　P.70・71

1 (1) マグマ

(2) 火山

(3) ①溶岩

②火山ガス

③火山弾，火山灰，軽石，火山れき

（このうち3つ書ければ正解）

考え方(3) 火山弾は，ふき飛ばされたマグマが空中で冷えて固まったものである。

2 (1) A…深成岩

B…火山岩

(2) A…等粒状組織

B…斑状組織

考え方(1)，(2) 深成岩のつくりは，同じくらいの大きさの粒がきっちりと組み合わさった等粒状組織，火山岩のつくりは，非常に小さな鉱物の集まりやガラス質の部分（石基）の中に，比較的大きな粒（斑晶）がある斑状組織である。

3 (1) ①火山岩

②深成岩

(2) A…石基

B…斑晶

(3) 無色鉱物…セキエイ，チョウ石

有色鉱物…クロウンモ，カクセン石，

キ石，カンラン石

(4) 無色鉱物

(5) 有色鉱物

(6) チョウ石

考え方(3) セキエイやチョウ石は，白っぽく見えるが，「白色鉱物」ではなく，「無色鉱物」という。

4 ①マグマのねばりけが強い。

②マグマのねばりけが弱い。

考え方①のような形の火山は，マグマのねばりけが強く，爆発的な噴火が起きることがある。②のような形の火山は，マグマのねばりけが弱く，噴火はおだやかである。

練習ドリル 🌱　　　P.72・73

1 (1) マグマ

(2) 溶岩

(3) 火山ガス

(4) ①火山灰

②火山弾

考え方(3) 火山ガスには，水蒸気のほか，二酸化炭素，二酸化硫黄などがふくまれている。

2 (1) 強い（大きい）とき。

(2) 弱い（小さい）とき。

(3) A

考え方(3) 日本では，有珠山や雲仙普賢岳が，Aの形の火山である。

3 (1) 鉱物

(2) ⓑ…斑晶

ⓒ…石基

(3) 岩石A…等粒状組織

岩石B…斑状組織

(4) 岩石A　場所…ア　　冷え方…エ

岩石B　場所…イ　　冷え方…ウ

(5) 岩石A…深成岩

岩石B…火山岩

(6) 岩石A…花こう岩

岩石B…安山岩

考え方(6) 花こう岩は深成岩，安山岩は火山岩である。

1 (1) ねばりけの強さ（大きさ）

(2) A…昭和新山

　　B…桜島

　　C…マウナロア

(3) A

2 (1) 深成岩

(2) 火山岩

(3) 等粒状組織

(4) 火山岩

考え方▶(1), (2) 深成岩のつくりは等粒状組織, 火山岩のつくりは斑状組織である。

(3) マグマが地下でゆっくり冷えて固まると, 鉱物の結晶が大きくなり, 等粒状組織となる。

3 (1) 〈岩石名〉　A…火山岩

　　　　　　　B…深成岩

　　〈つくり〉　A…斑状組織

　　　　　　　B…等粒状組織

(2) 白っぽい鉱物…無色鉱物

黒っぽい鉱物…有色鉱物

(3) 白っぽい鉱物…セキエイ, チョウ石

黒っぽい鉱物…クロウンモ,

　　　　　　　カクセン石, キ石,

　　　　　　　カンラン石

(4) ア…白っぽい

イ…黒っぽい

(5) A…玄武岩

B…斑れい岩

(6) チョウ石

考え方▶(4) 有色鉱物をふくむ割合が多いと岩石は黒っぽくなり, 無色鉱物をふくむ割合が多いと白っぽくなる。

✔️ **基本チェック**　　　　　P.77・P.79・P.81

① (1) ①震源

②震央

③震源の深さ

④震源距離

(2) ⑤震央距離

⑥震央

⑦震源の深さ

⑧震源

⑨震源距離

考え方▶(1) 震源とは, 地下で地震が発生したところである。

② (1) ①初期微動

②P

③主要動

④S

⑤震央

⑥同心円

⑦おそく

(2) ⑧S

⑨P

⑩初期微動

⑪主要動

考え方▶(1) 初期微動を伝える波がP波, 主要動を伝える波がS波である。

③ (1) ①初期微動継続時間

②長く

③原点

④直線

(2) ⑤長い

⑥短い

考え方▶(1) 初期微動継続時間は, 震源からの距離が遠くなるほど, 長くなる。

④ ①震度

②震度計

③10

④マグニチュード

⑤大きい

⑥日本海溝

⑦深く

⑧海洋プレート

⑨大陸プレート

考え方 地震のゆれの大きさを表す震度は，

0，1，2，3，4，5弱，5強，6弱，

6強，7の10段階に分けられている。

───────────────

⑤ ①ユーラシア

②太平洋

③海洋プレート

④大きく

⑤大きい

⑥津波

⑦大陸

⑧海洋

⑨断層

⑩活断層

⑪浅い

⑫大きく

考え方 海溝型地震はプレート境界型地震と

もいわれ，プレートの境界で起こる

地震である。

⑥ ①地熱
②隆起
③沈降
④液状化現象

考え方 地震により大地が急にやわらかくな

る現象を，液状化現象といい，建物

が傾いたり，沈んだりする。

1 (1) 地震計

(2) 震源

(3) 震央

(4) 初期微動

(5) 主要動

(6) 初期微動…速い波

主要動…おそい波

(7) 速い波…P波

おそい波…S波

(8) 初期微動継続時間

考え方 (2)，(3) 地震は地下で発生し，発生

した場所を震源という。地図上に示

されるのは，震央であることに注意

する。

2 (1) 震度

(2) 大きくなる。

(3) 震央付近

考え方 (3) 一般に，震源に近いほど，地震

によるゆれは大きい。

3 ①大陸側

②海洋

③大陸

④ひずみ

⑤津波

考え方 地震は，地下にたまったひずみが大

きくなり，岩盤がたえきれなくなっ

たときに起きる。

1 (1) 震源（しんげん）

　(2) 震央

　(3) B地点

　(4) D地点

　(5) 隆起（りゅうき）

　(6) 沈降（ちんこう）

考え方 (3) 震源に近い場所ほど，ゆれがはやく伝わる。

2 (1) 初期微動（しょきびどう）

　(2) 主要動

　(3) ア…P波

　　　イ…S波

　(4) 初期微動継続時間（けいぞく）

考え方 地震のはじめの小さなゆれを初期微動といい，P波によって引き起こされる。続いて起きる大きなゆれを主要動といい，S波によって引き起こされる。初期微動が始まってから主要動が始まるまでの時間を初期微動継続時間といい，震源からの距離（きょり）が遠くなるほど長くなる。

3 (1) B地点…10秒

　　　C地点…14秒

　(2) 比例の関係

　(3) 3.2km/s

　(4) (12時)25分17秒

　(5) 津波（つなみ）

考え方 (4) 200km÷5.3km/s＝37.73…
　　　　　＝38秒

12時24分39秒の38秒後は，12時25分17秒である。

(5) 大きな地震では，地震のゆれそのものによる被害（ひがい）のほか，津波や，土砂くずれなどによっても，大きな被害が起きることがある。

1 (1) 震央

　(2) P波

　(3) エ

　(4) Y地点

　(5) Z地点

　(6) c

考え方 (3) P波の到着（とうちゃく）時刻は，X地点とY地点は同じで，Z地点だけがおそい。したがって，震源からの距離は，X地点とY地点は同じで，Z地点はそれよりも遠いことがわかる。震源からの距離が遠くなると，ゆれの大きさは小さくなる。

2 (1) 太平洋側

　(2) 深くなっている。

　(3) ①プレート

　　　②大陸プレート

　　　③海洋プレート

　　　④海溝型（かいこうがた）

　(4) 大陸プレート

　(5) 活断層

考え方 (2) 日本列島付近では，海洋プレートが大陸プレートの下に沈（しず）みこんでいる。震源が深い地震は，沈みこむ海洋プレートに沿って起こり，震源は，太平洋側から日本海側に向かうにつれて深くなっていく。

1 (1) 等粒状組織

(2) マグマが地下の深いところで，ゆっくり冷えて固まった。

(3) 深成岩

考え方 (1) 大きな粒が組み合わさってすき間なく並んでいる。このようなつくりを等粒状組織といい，深成岩の特徴である。

2 (1) 石基

(2) チョウ石

(3) ア

(4) A…安山岩

　　 B…花こう岩

考え方 (4) 砂岩，れき岩は堆積岩である。火成岩Aは斑状組織なので火山岩の安山岩，火成岩Bは等粒状組織なので深成岩の花こう岩とわかる。

3 (1) 強い。

(2) Bの火山

(3) ねばりけが弱いもの…傾斜のゆるやかな形

　　 ねばりけが強いもの…もり上がった形

考え方 (3) マグマのねばりけが強い場合は，溶岩が流れにくいので，爆発的な噴火になることがある。

4 (1) 凝灰岩

(2) あたたかくて浅い海

(3) A

(4) 砂岩

考え方 (3) 粒が小さいものほど，河口から遠くまで運ばれて堆積する。

1 (1) ホタテガイの化石

(2) 示相化石

(3) アンモナイトの化石

(4) 示準化石

考え方 (3) アンモナイトは中生代，サンヨウチュウは古生代に広く生存していた生物である。

2 (1) 6km/s

(2) 10時48分50秒

(3) 大陸プレートと海洋プレートの境目

考え方 (2) 初期微動を起こす地震の波（P波）は，10秒間に60kmの距離を進んでいるので，120kmの距離を進むには20秒かかる。よって，10時49分10秒の20秒前は，10時48分50秒である。

(3) 海洋プレートが大陸プレートの下に沈みこんでいて，この境目で地震が多く発生する。

3 (1) （地下で）地震が発生した場所

(2) （震源の）真上に位置する地表の点

(3) C

(4) A

(5) 地震の規模の大小を表すもの

考え方 (5) 震度は観測点での地震のゆれを表すものなので，１つの地震でも，震源からの距離などによって，震度は異なる。マグニチュードは地震の規模そのものを表すので，観測点によって異なるということはない。

4 (1) M…P波

　　 N…S波

(2) M…7.0km/s

　　 N…3.5km/s

考え方 (1) P波とS波では，伝わる速さが異なる。P波のほうが速いため，初期微動が先に起きる。

1 (1) 示準化石

(2) 時代…古生代

生物名…サンヨウチュウ

(3) 記号…A

堆積岩(たいせきがん)…石灰岩, チャート

考え方 (2) アンモナイトは中生代, ナウマンゾウとビカリアは新生代の示準化石である。

2 (1) 無色鉱物

(2) 有色鉱物

考え方 白っぽい鉱物を無色鉱物, 黒っぽい鉱物を有色鉱物という。無色鉱物の多い火成岩は白っぽく, 有色鉱物の多い火成岩は黒っぽい。

3 (1) A…等粒状組織(とうりゅうじょうそしき)

B…斑状組織(はんじょうそしき)

(2) X…石基(せっき)

Y…斑晶(はんしょう)

(3) A…イ

B…ウ

(4) A…花こう岩

B…安山岩

考え方 (3) 火成岩Aは, マグマが地下深くでゆっくり冷やされてできた深成岩である。火成岩Bは, マグマが地表近くで急に冷やされてできた火山岩である。

4 (1) C

(2) 異なる。

(3) A

考え方 マグマのねばりけが弱いほど, 火山は傾斜(けいしゃ)がゆるやかになり, 噴火(ふんか)はおだやかである。ねばりけが強くなると, 火山はもり上がった形になり, 爆発的(ばくはつてき)な噴火をすることもある。

1 (1) a…初期微動(しょきびどう)

b…主要動

(2) a…P波

b…S波

(3) 初期微動継続(けいぞく)時間

(4) 約30秒間

(5) 震源からの距離が遠くなるほど, ゆれaの続く時間は長くなる。

(6) イ

(7) マグニチュード…ア

震度…エ

考え方 (5) 震源からの距離が遠くなるほど, 初期微動が始まる時刻と主要動が始まる時刻の差が大きくなっていく。

2 (1) 図1

(2) 図1

考え方 (1) 震源の位置が同じでも, 地震の規模(マグニチュードで表される値)が大きいほど, 震度は大きくなり, 震源から遠く離(はな)れたところまでゆれが伝わる。

3 (1) 10時30分30秒

(2) A

(3) 約4km/s

(4) 約200km

(5) D

考え方 (4) グラフより, 震源から400kmの地点で, 初期微動継続時間は50秒である。

(5) ふつう, 震源からの距離が遠くなるほど, 震度は小さくなる。